KLHE *finance*

Über die Autoren

Christopher Klein und Jens Helbig zählen zu den bekanntesten Finanzbuchautoren Deutschlands. 2011-2013 verfassten sie ihre ersten beiden Werke: Das vorliegende Buch »Tag auf Tag im Hamsterrad« und sein Nachfolger »Der Hamster verlässt das Rad«. Später folgten weitere Titel: »Nine to five muss nicht sein!« (2017), »Einmal Dividende bitte!« (2017), »Die Faulbär-Strategie zur Million" (2017), »Mit Blockchain zum Krypto-Investor« (2018) sowie der Ratgeber zu nachhaltigen Geldanlagen »Ökoethinvesting« (2019). Einige der Werke wurden zu Amazon-Bestsellern und in prominenten Finanzmagazinen empfohlen (zum Beispiel in Focus-Money 05/2018, Bank & Umwelt 11/2018 oder Cryptoticker 11/2018).

Die Finanzliteratur von Christopher Klein und Jens Helbig unterscheidet sich grundlegend von anderen Werken. Während deutsche Finanzbücher in der Regel trostlos theoretisch oder langweilig neutral sind, ist die Motivation von Helbig und Klein der Gegenentwurf. In ihren Büchern erklären sie die wahren Probleme und Herausforderungen unserer Zeit in einfachen Worten und ergänzen diese mit eigenen Erfahrungen, praxisbezogenen Strategien und unmittelbar umsetzbaren Do-It-Yourself-Anleitungen. Ihr Motto: »Schluss mit langweiligen Finanzschinken!«.

Die Bücher von Klein und Helbig sind erhältlich auf:
www.klhe.de
www.amazon.de/-/e/B00LPWD4VY

Die Autoren sind stets offen für Feedback und Rückfragen. Der interessierte Leser kann sie per E-Mail an *info@klhe.de* kontaktieren.

Mein Geldbaum

Geld verstehen, Geld sparen, Geld verdienen und Geld anlegen - eine Schnellstartanleitung für finanzielle Unabhängigkeit

1. Auflage

Von Jens M. Helbig & Christopher M. Klein

Bibliografische Information der Deutschen Nationalbibliothek
Die Deutsche Nationalbibliothek verzeichnet diese Publikation in der Deutschen Nationalbibliografie; detaillierte Daten sind im Internet abrufbar über:
http://dnb.dnb.de

Für Fragen und Anregungen:
info@klhe.de

Mein Geldbaum
1. Auflage, März 2019

ein Imprint der GbR:
Christopher Klein & Jens Helbig
Hortensienstr. 26
40474 Düsseldorf

Cover & Layout: Stefan Valerio Meister – *www.stefanvaleriomeister.de*
Lektorat & Korrektorat: Carola und Friedhelm Klein, Frank L., F. Martin, Cornelia Jahnke
ISBN-13: 978-3-947061-48-8

Weitere Informationen findest Du hier:
www.klhe.de

Dein Bonus zum Buch

Praxisrelevanz steht in unseren Büchern immer an erster Stelle. Statt langweiliger Theorie erhältst Du von uns praxisorientierte Do-It-Yourself-Strategien, die wir selbst getestet und konzipiert haben und daher mit Überzeugung und guten Gewissens an Dich weitergeben können.

Da uns Deine Entwicklung am Herzen liegt, haben wir jede Menge Bonusmaterial und praktische Tools auf Lager, um Dein finanzielles Wissen auszubauen. Trage Dich unbedingt für unsere kostenlosen Finanz-Updates ein. Neben praktischem Download-Material und tollen Angeboten und Aktionen, erhältst Du etwa einmal pro Woche wichtige Tipps und spannende Praxis-Anleitungen für Deine zeitliche und finanzielle Freiheit – kostenlos.

Trage Dich jetzt unter folgendem Link ein:

www.klhe.de/finance/bonus

Presse- und Kundenstimmen

Sternchen

„[...] die in diesem Buch gesammelten Tipps und Tricks sind wirklich anwendbar und jene, die ich bislang ausprobiert habe, funktionieren tatsächlich. Ein tolles Buch für Jeden, der sich nebenher etwas dazuverdienen möchte oder ganz aus dem tristen Job aussteigen und sich vielleicht sogar selbst verwirklichen will.
Kann dieses Buch wirklich wärmstens weiterempfehlen! "

Hannes

„Klasse Ratgeber. Was die beiden Autoren hier auf Papier gebracht haben, ist alle Ehre wert. Super Tipps und sehr ausführlich. Wer sich genauer mit diesem Thema beschäftigen möchte, ist hier an der richtigen Adresse. Für jeden, der gerne mal von zu Hause aus arbeiten möchte, ein absolutes Muss! Kann ich nur empfehlen."

Sarah Arnold

„Viele Aha-Effekte . Die Welt dreht sich um Geld - und doch wird dieses Thema in den Schulen leider sehr stiefmütterlich behandelt, sodass zum Schulabschluss nur die wenigsten wissen, wie man achtsam und bewusst mit Geld umgeht, geschweige denn das Geldsystem versteht und finanziell unabhängig wird.

Der Autor geht dieses Thema von der Basis auf an und erklärt auf eine verständliche Weise die komplexen Zusammenhänge von Geld, was es mit Zinsen und unserem Schuldsystem auf sich hat, und wie man letztendlich echte finanzielle Freiheit erreichen kann. Es geht dabei ums Sparen, aber auch letztendlich seine Lebenszeit finanziell sinnvoll einzusetzen. Obwohl ich bislang der Ansicht war, schon sehr viel über Geld und unser Finanzsystem mit dem Zinseszinseffekt zu wissen, hatte ich doch einige Aha-Effekte beim Lesen und kann diesen Geldratgeber wärmstens weiterempfehlen."

Rolf B.

„Kurz und knackig zum Grundwissen mit Schritt für Schritt Anleitung"

Bernhard

„Klar und verständlich geschrieben. Sehr gut strukturiert vom Aufbau. Für Neueinsteiger in dieses Thema ist dieses Buch eine sehr gute Investition. [...]
Wenn jemanden Cashflow Quadrant zu langatmig ist empfehle ich dieses Buch."

Dwave

„Hier findet jeder eine Idee oder Inspiration um das eigene Einkommen aufzubessern. Die Autoren zeigen wirklich kreative Wege auf. Ein tolles Buch :)"

Amazon Kunde

„Dieses Buch hat mir geholfen, meine Finanzsituation neu und realistisch zu beurteilen. Ich habe mir bereits zwei drei Einkommenswege herausgepickt, auf denen ich zukünftig mein Einkommen aufbessern werde. Zum Glück wird sehr anschaunlich beschrieben, was einen dabei erwartet. Auch die Blitzideen für schnelles Geld finde ich sehr überzeugend. Wer sein Einkommen erhöhen möchte, findet hier eine Fülle an Möglichkeiten. Geschenkt bekommt man natürlich trotzdem nichts "

Jana Melk

„[...] Die hier genannten Wege sind eine tolle Inspiration um mal zu sehen was alles Möglich ist. Denn die meisten Menschen sehen diese Möglichkeiten einfach nicht.
Hier wird auf jeden Fall jeder fündig und dementsprechend ist das Buch wirklich Gold wert!"

Elena Rybnik

„Dank diesem habe ich nun eine Idee zu einem Onlinebusiness endlich umsetzen können. Beinhaltet wertvolles Wissen und verzichtet auf reisserische Aussagen und Geschichten."

Inhaltsverzeichnis

Vorwort

»Holzhacken ist deshalb so beliebt,
weil man bei dieser Tätigkeit den Erfolg sofort sieht.«

ALBERT EINSTEIN

Weder an Schulen noch Universitäten wird das Thema „Geld" auf eine Weise behandelt, die persönlich wirklich hilfreich wäre. Das können selbst wir, als studierte Volks- und Betriebswirte mit Masterabschluss an renommierten Universitäten, bestätigen. Geld ist ein Tabuthema, weil es der maßgebliche Schlüssel zu Freiheit und Unabhängigkeit ist. Ein Status, der nicht wirklich dazu beiträgt, mehr willige Hamster für das große Rad eines Geld- und Wirtschaftssystems zu „erzeugen", von dem in Wahrheit nur das obere ein Prozent profitiert. Doch warum das so ist und wie man dieses System für sich selbst nutzen kann, das ist noch immer weitgehend unbekannt. Leider. Wir treten dafür ein, dass immer mehr Menschen von der Funktionsweise des Geldsystems Kenntnis erlangen und somit die finanzielle Spielwiese nicht mehr ausschließlich dem oberen ein Prozent überlassen.

Dieses Buch ist eine Schnellstartanleitung die selbst blutige Anfänger zu Finanzexperten macht. Ein Best-of einiger unserer Werke – und mehr. Ein Buch, das Einsteiger wie Fortgeschrittene Schritt-für-Schritt an die Hand nimmt, die Geldgleichung zu entschlüsseln und das Hamsterrad ein für alle Mal hinter sich zu lassen. Wir nehmen Dich an die Hand und zeigen Dir, wie wir es in wenigen Jahren geschafft haben, nicht nur finanziell frei zu leben, sondern uns einen eigenen üppigen Geldbaum aufzubauen, der ganz von alleine vollautomatisch und ohne Limits – ob Tag oder Nacht – eine immer größere Anzahl an Früchten in Form eines wachsenden Einkommensstroms für uns abwirft.

Gerade als Anfänger mag dies unwirklich klingen. Daher haben wir dieses Buch als konkrete Schritt-für-Schritt Anleitung konzipiert, die es lediglich zu kopieren gilt, um auch Dir einen eigenen Geldbaum zu pflanzen. Auf Deinem Weg wünschen wir Dir allen erdenklichen Erfolg und stehen Dir für Fragen immer gerne unter *info@klhe.de* zur Verfügung.

Christopher Klein und Jens Helbig

Geld verstehen

»Eine Investition in Wissen bringt noch immer die besten Zinsen.«
BENJAMIN FRANKLIN

Geld ist nach wie vor ein Mysterium. Obwohl wir alle mehrmals täglich damit umgehen, es ständig im Gespräch ist und sich die ganze Welt darum zu drehen scheint, bleibt es dennoch missverstanden. Das liegt zum einen an unserer mangelhaften Schulbildung in diesem Bereich und zum anderen – so unsere persönliche Meinung –, dass wir es gar nicht verstehen sollen.

Solange man Geld und seine Funktionsweise nicht versteht, ist es unmöglich, finanzielle Erfolge im Leben zu feiern.

Als studierter Volks-, Betriebs- und Finanzwirte haben wir uns lange mit dem Finanz- und Geldsystem auseinandergesetzt. Es hat uns erstaunt, wie viele grundlegende Mechanismen im Studium entweder viel zu kurz kommen oder gar nicht erst beachtet werden – vor allem jene, die den größten Einfluss auf unser Finanz- und Geldsystem haben! Die Schule, ähnlich einem wirtschaftswissenschaftlichen Studium, bereitet darauf vor, später einen guten Hamster im Rad zu spielen. Sie übersieht dabei völlig, uns zu lehren, wie man ihm entkommt.

In diesem Kapitel möchten wir Dir daher die wesentlichen Eckpfeiler aufzeigen, die unser System derzeit definieren. Hast Du diese einmal verstanden, wirst Du Deine Beziehung zu Geld ganz automatisch zum Positiven verändern.

Das Warum kommt vor dem Wie

»Das Geld, das man besitzt, ist das Mittel zur Freiheit, dasjenige, dem man nachjagt, das Mittel zur Knechtschaft.«

JEAN-JACQUES ROUSSEAU

Die Beschäftigung mit dem Geld bedarf Durchhaltevermögen und kann durchaus auch mal frustrierend sein. Deshalb ist das Warum so viel wichtiger, als das Wie! Bevor wir Dir praktische Strategien und ungewöhnliche Tipps gebe, ist es wichtig, Dein Warum zu erkunden. Solange Du weißt, weshalb Du diesen Prozess gehst, wirst Du ihn auch an einem Tag verfolgen, an dem Du mal keine Lust darauf hast. Ganz einfach, weil am Ende Deines Weges ein sehr lohnendes Ziel steht.

Warum möchtest Du Deine Finanzen in den Griff bekommen, Geld sparen, mehr verdienen, reich werden, bzw. ein Vermögen aufbauen?

Nimm Dir für die Beantwortung dieser Frage einige Minuten Zeit und brainstorme. Nimm Zettel und Stift zur Hand und schreibe - ohne logisch nachzudenken - einige Gründe auf. Bitte überspringe diesen ersten Schritt nicht gleich, sondern befolge ihn. Er kostet Dich nicht mehr als 5 Minuten, verschafft Dir aber wichtige Klarheit über Deine Ziele. Ziele, ob finanzieller Natur oder auf andere Lebensbereiche bezogen, derer Du Dir vorher möglicherweise noch gar nicht bewusst warst. Lasse Deinen Gedanken und Inspirationen freien Lauf. Das heißt, filtere sie nicht, sondern schreibe alles nieder, was Dir spontan in den Sinn kommt. Los geht's!

Hoffentlich ist Dein Blatt Papier nach einigen Minuten randvoll mit interessanten Ideen und Gedanken. Wenn Du Dir nun Deine Gedanken ansiehst, wirst Du vermutlich feststellen, dass es sich bei fast allen Ideen nicht direkt um finanzielle Ziele handelt. Deine Ziele sind in der Regel erst in zweiter Linie, also indirekt, finanzieller Natur. Einige unserer Ziele waren zum Beispiel:

- Ich möchte ortsunabhängig arbeiten können.
- Ich möchte genug Geld zur Verfügung haben, um mir die Dinge leisten zu können, auf die ich Lust habe (nicht dem Konsumismus verfallen, sondern Dinge, die mich wirklich glücklich machen).
- Ich möchte Reisen. So oft und so viel wie möglich.
- Ich möchte einen gesunden Lebensstil pflegen (Ernährung, Frei zeit und Fitness).
- Ich möchte keinen Arbeitsstress mehr haben.
- Ich möchte anderen Menschen, auch finanziell, helfen können.
- Ich möchte meine eigenen Projekte verwirklichen können.
- Ich möchte mehr Freizeit haben, und zwar auch dann, wenn ich sie mir spontan nehmen möchte.
- Ich möchte mir mehr Zeit für meine Familie und Freunde nehmen.
- Ich möchte die Sicherheit haben, dass ich mich um Geld keine Sor gen mehr machen muss. Dass es mir an nichts fehlen wird und ich keinen finanziellen Stress mehr haben werde.
- Ich möchte mir die beste Behandlung leisten können, sollte es mir oder meiner Familie einmal gesundheitlich schlecht gehen.

Das sind nur einige wenige Ideen. Sicherlich hast Du auch die ein oder andere davon bei Dir auf dem Zettel, oder kannst Dich wenigstens mit ihnen identifizieren. Bei der Analyse wird schnell klar, dass die meisten Ziele immer indirekt finanzieller Natur sind. Man möchte das Geld nicht um des Geldes willen haben. Man braucht es allein deshalb, weil sich unsere Ziele ohne das nötige Kleingeld gar nicht realisieren ließen.

Natürlich kann man für weniger Arbeitsstress sorgen, wenn man auf einen Teilzeitjob zurückschraubt, aber auch nur dann, wenn man sich die damit einhergehenden Lohneinbußen leisten kann. Ähnlich verhält es sich mit der Gesundheit. Ein gesunder Lebensstil mit gesunden Lebensmitteln kostet in der Regel mehr Geld. Dabei ist „Stress“ der entscheidende Faktor für viele Ziele. Die Verringerung von Stress, egal ob Arbeit oder persönliches Umfeld, ist essentiell für ein gesundes, glückliches, erfülltes, produktives und kreierendes Leben.

Das Dilemma von Geld und Glück (Easterlin-Paradox)

»Ein weiser Mensch sollte Geld im Kopf haben, aber nicht im Herzen.«

JONATHAN SWIFT

Bestimmt kennst auch Du den Aphorismus „Geld macht nicht glücklich, aber es beruhigt die Nerven". Leider ist dieser Spruch nur zum Teil richtig. Denn zahlreiche wissenschaftliche Studien haben ergeben, dass Geld, bis zu einem gewissen Betrag, erheblich zum Glücksempfinden beiträgt. An der Universität Princeton in den USA haben die Forscher und Nobelpreisträger 2010 herausgefunden, dass ein Jahresnettoeinkommen von umgerechnet ca. 65.000 Euro diesen Glückspunkt markiert. Menschen, die ein höheres Nettoeinkommen verzeichnen, sind weder glücklicher, noch empfinden sie weniger Stress. Bis zu diesem Betrag trägt allerdings jeder weitere Euro direkt proportional zu den Faktoren Zufriedenheit und Wohlbefinden bei. Umgekehrt gilt, dass diejenigen, die über ein besonders niedriges Einkommen verfügen, überproportional häufig unglücklich sind. Das ist ja auch vollkommen logisch. Wer seinen Alltag täglich mit finanziellen Sorgen zu bestreiten hat, dem fällt es sehr viel schwerer, glücklich zu sein.

Für unsere Zwecke ist die konkrete Zahl 65.000 jedoch gar nicht so wichtig. Schließlich gibt es auch Menschen, die mit wenig Einkommen einen zufriedenen und glücklichen Lebensstil leben, weil sie die grundlegenden Geldprinzipien verstanden haben. Auf der anderen Seite gibt es Großverdiener, die monatlich derart hohe Ausgaben zu bewältigen haben, dass auch sie in Geldsorgen stecken. Eines macht diese Studie jedoch ganz klar. Wer sich um seine Finanzen kümmert und keine Geldsorgen hat, ist generell deutlich glücklicher und zufriedener, als jener, der dies nicht tut!

Wenn man den Zusammenhang von Geld und Glück betrachtet, stößt man auch immer wieder auf das Easterlin-Paradox. Es bezieht sich auf den

Grundtrieb des Menschen, nach mehr zu streben. Das Paradox geht auf den US-Ökonom Richard Easterlin zurück. Er hat in den 70er Jahren empirisch nachgewiesen, dass mehr Geld zwar glücklicher macht, dies allerdings nur innerhalb einer Gesellschaft: „Wer mehr besitzt als sein Mitbürger, sei in der Regel zufriedener", so die Aussage. Im Umkehrschluss sind Jene unzufriedener, die weniger haben als ihre Mitbürger. Sich mit Anderen zu vergleichen ist so gesehen ein weiterer Garant für Unglück im Zusammenhang mit Geld. Solange wir uns nämlich mit Anderen in Geldfragen vergleichen, werden wir immer jemanden finden, der mehr hat, besser damit umgeht, mehr einspart, minimalistischer lebt, mehr verdient, mehr einnimmt, und so weiter. Die entscheidende Frage ist dabei jedoch, ob das für Dich und Deine persönliche Situation überhaupt eine Rolle spielt?

Natürlich nicht! Entscheidend ist einzig und allein, dass Du einen Grad finanzieller Freiheit erreichst, der Dir erlaubt, Dir (und Anderen) Wünsche zu erfüllen und das Leben Deiner Träume zu leben. Ob Dir dies mit einem Netto-Monatseinkommen von 1.000, 10.000 oder 100.000 Euro gelingt, liegt ganz bei Dir. Methoden und Strategien, dies auch mit einem geringen Einkommen zu realisieren geben wir Dir in der zweiten Hälfte dieses Buches.

Warum Du achtsam mit Geld umgehen solltest (die Engel-Kurve)

»Wenn die Achtsamkeit etwas Schönes berührt, offenbart sie dessen Schönheit. Wenn sie etwas Schmerzvolles berührt, wandelt sie es um und heilt es.«

THICH NHAT HANH

Es ist wichtig, achtsam und bewusst mit Geld umzugehen. Am Medium Geld hängt nämlich sehr viel mehr, als lediglich die Möglichkeit, sich irgendwelchen „überflüssigen Ramsch" anzueignen. Diese Achtsamkeit gegenüber dem Geld hängt wiederum vor allem von Deinem Wissen über Geld und Deinen persönlichen (finanziellen) Zielen ab. Je mehr Du über Geld weißt und je präziser Du Deine (finanziellen) Ziele definierst, umso achtsamer wirst Du im Umgang mit Geld. Wenn Du Dich jedoch dem Geld gegenüber intolerant verhältst, wirst Du auch kein Bewusstsein dafür entwickeln. Die Charaktereigenschaften des Geldes sowie der grundmenschliche Trieb sorgen dann zwangsläufig dafür, dass Du in Geldschwierigkeiten gerätst.

Einer dieser menschlichen Triebe zeigt sich im Zusammenhang von Verdienst und Ausgaben. In der Volkswirtschaftslehre, speziell der Mikroökonomik, gehört die sogenannte Engel-Kurve daher zum absoluten Grundwissen. Sie hat uns bereits während des Studiums einen interessanten Fakt über uns selbst, unserer Familie, Freunde und Bekannte aufgezeigt. Die Engel-Kurve besagt, dass sich die Nachfrage eines Haushalts direkt proportional zu seinem Einkommen verhält. Verständlich ausgedrückt heißt das, dass man umso mehr ausgibt und verkonsumiert, je mehr man verdient. Auch wir fallen diesem Verhaltensmuster regelmäßig zum Opfer und müssen uns der Achtsamkeit in Geldthemen immer wieder besinnen. Gerade dann, wenn es mal einen Monat besonders gut läuft.

Es gibt aber auch den gegenteiligen Fall. Menschen, die zu viel ausgeben, unabhängig davon, wie viel sie verdienen. Jene Personen also, die grundsätzlich immer mehr ausgeben, als sie einnehmen. Aus unserer Sicht gibt es auch hierfür verschiedene Erklärungsansätze.

Zum einen sind es häufig Gewohnheiten, die dieses Verhalten dominieren. Vor allem dann, wenn man seinen Lebensstandard im Laufe der Zeit an ein steigendes Einkommen angepasst hat und dann plötzlich, durch externe Umstände (z.B. einen Jobwechsel), weniger verdient. Nur Wenigen gelingt es dann, den über viele Jahre errichteten Lebensstandard wieder herunterzuschrauben und den neuen Gegebenheiten anzupassen.

Zum anderen fehlt aus unserer Sicht nicht selten auch ein Anreiz dafür, weniger auszugeben bzw. Geld ein- oder anzusparen. Man leistet sich Dinge, die man sich eigentlich nicht leisten könnte, ohne sich darüber nähere Gedanken zu machen (Stichwort Geldbildung). Oftmals liegt es schlicht daran, dass man sich keine (finanziellen) Ziele gesetzt hat.

Darüber hinaus gibt es viele Menschen, die sich ein Erscheinungsbild nach außen hin aufgebaut haben, das ihnen bzw. ihrer finanziellen Situation gar nicht entspricht. Sie versuchen allerdings mit allen Mitteln, diesen Schein zu wahren, und halten deshalb an einem zu teuren Lebensstil fest. Ganz getreu dem Motto:

„Wir kaufen Dinge, die wir nicht brauchen, mit Geld,
das wir nicht haben um Leute zu imponieren, die wir nicht mögen."

Dazu kommt das bereits angesprochene Prinzip „das Geld zeigt Dir, was Dir wirklich wichtig ist". Allen Anschein nach ist vielen der Konsum schlicht wichtiger als die eigene finanzielle Situation, die eigene Gesundheitssituation, das Wohlbefinden, der Stresslevel oder ganz besonders die eigene (finanzielle) Freiheit und das Bewahren der Kontrolle über die eigene Lebenszeit.

Wenn Du Dich in dem einen oder anderen Punkt wiedererkannt hast, keine Sorge! Das ist völlig normal. Wir selbst haben noch heute immer wieder damit zu kämpfen. Durch einen achtsamen Umgang mit Geld und den Methoden dieses Buchs haben wir es allerdings immer wieder geschafft, uns am eigenen Schopfe aus dem Schlamassel zu ziehen.

Und wenn uns das gelungen ist, dann kannst Du das mithilfe dieses Buchs erst recht!

Was Du (noch) nicht über Geld weißt

»Papiergeld kehrt früher oder später zu seinem inneren Wert zurück, Null.«

VOLTAIRE

Mit der Suchanfrage „Geld" in Google erhältst Du aktuell über 200 Millionen Treffer – und jeden Tag werden es mehr. Diese Informationsfülle lässt vermuten, dass im Allgemeinen ein gutes Grundverständnis über seine Funktionsweise existiert. Schließlich ist jeder Mensch auf dieses praktische Tauschmittel angewiesen. Ohne Geld gäbe es heute keine Hüpfburgen, Urlaubsreisen oder korrupte FIFA-Funktionäre – schlicht: es wäre unmöglich effiziente oder ineffiziente Wirtschaft zu betreiben!

Was wäre nun, wenn ein Großteil der Informationen über Geld aber völliger Quark wäre? Wenn alles, was du meinst über Geld zu wissen, doch nur die halbe Wahrheit ist?

Geld ist ganz abstrakt gesehen nur ein Tauschmittel. Ein Tauschmittel für Güter und Dienstleistungen. Damit ist Geld erstmal nichts weiter als ein „Erleichterer". Es ist der Universalschlüssel, der uns die Möglichkeit gibt, jedes Produkt und jede Dienstleistung zu erwerben.

Denken wir in Richtung finanzielle Freiheit, ist Geld ein Äquivalent zu Zeit. Je mehr Geld man hat, umso mehr (Frei)Zeit kann man sich damit kaufen. Doch Geld ist noch so viel mehr!

1 Richtiges Geld kann nur die Zentralbank schaffen

Du wirst dich jetzt wahrscheinlich fragen: Was ist denn bitteschön „richtiges Geld"? Und wenn es richtiges Geld gibt, muss es ja auch falsches Geld – bitte nicht mit Falschgeld verwechseln – geben, oder?

Nein, nicht direkt. Allerdings gibt es Geld und Ansprüche auf Geld. Richtiges Geld ist für uns nur uneingeschränkt gesetzliches Zahlungsmittel. Damit gelten als richtiges Geld ausschließlich von den Zentralbanken ausgegebene Banknoten. Alle anderen Geldformen sind eingeschränkt gesetzliches Zahlungsmittel (Münzen) oder sogar nicht-gesetzliches Zahlungsmittel (Buchgeld)! Dies ist der unbekannte Hintergrund der von vielen Seiten geforderten Bargeldabschaffung.

Wenn nur Geldscheine richtiges Geld sind, was siehst du dann auf deinem Kontoauszug? Ansprüche auf (richtiges) Geld!

Ansprüche auf Geld, in der Regel Buchgeld (auch Giralgeld bzw. Sichtguthaben genannt), sind kein gesetzliches Zahlungsmittel! Dein Kontostand sagt also lediglich aus, wie viel Geld Dir die Bank in „richtigem Geld" auszahlen muss. Die gesamten Bestände der Ansprüche auf Geld machen heute allerdings 97% aller Guthaben aus! Wenn also alle zugleich zur Bank laufen, im Fachjargon als Bank-run bezeichnet, und sich ihre Guthaben in richtigem Geld auszahlen lassen wollen, ist der große Finanzcrash vorprogrammiert. Tatsächlich sind es maximal 3% der Guthaben, die in der physischen Welt gleichzeitig existieren können. Die restlichen 97% existieren nur virtuell.

#2 Guthaben sind gleich Schulden!

Auch von dieser Eigenschaft hört man nicht einmal als Wirtschaftswissenschaftler etwas. Und das, obwohl es so immens wichtig für das Verständnis von Geld ist!

Geld kann im herrschenden System nur durch Kreditvergabe entstehen. Kredite sind gleichbedeutend mit Schulden. Deshalb wird das Geldsystem in der Fachsprache auch als Schuldgeldsystem bezeichnet. Wenn nun Geld zunächst als Kredit bzw. einer Schuldenaufnahme entsteht, wo kommt dann das Guthaben her? Das Guthaben entsteht gleichzeitig auf der Gegenseite der Bank-Bilanz. Guthaben und Schulden bedingen sich gegenseitig. Das eine gibt es nicht ohne das andere.

Mache Dir bewusst, dass allem Geld der Welt, dieselbe Menge an Schulden gegenübersteht! Umgekehrt heißt das, dass allen Schulden dieselbe Menge an Guthaben gegenüberstehen!

Wenn also in Deutschland 5 Billionen Euro Geldvermögen existieren, bestehen auf der Gegenseite 5 Billionen Euro Schulden.

Und wenn Deutschland eine Staatsverschuldung von 2,1 Billionen Euro aufweist heißt das, dass auf der anderen Seite 2,1 Billionen Euro Guthaben existieren. An dieser Stelle fragst Du Dich jetzt zurecht, wer das ganze Geld eigentlich besitzt.

#3 Geld ist Tauschmittel und muss fließen

Damit unser System überhaupt funktioniert, muss Geld zirkulieren. Nicht umsonst heißt es: „Taler, Taler du musst wandern." Wenn niemand Geld weitergeben würde, würde die Wirtschaft sofort zusammenbrechen. In einem Wirtschaftskreislauf müssen Güter und Dienstleistungen gemeinsam mit Geld zirkulieren. Tun sie das nicht, kommt es zum Kollaps.

Diese Grundregel gilt auch auf individueller Ebene. Wenn Du Dein Hamster-Dasein aufgeben möchtest, brauchst Du dafür die richtige Einstellung. Wir bezeichnen das gerne als Geldbewusstsein. Für die Praxis heißt das: Gewöhne Dich daran, Geld großzügig auszugeben. Man sagt sogar, dass Du umso großzügiger sein sollst (natürlich nicht fahrlässig!), je mickriger Dein Kontostand ist.

Damit zerstörst Du ein uns allen innewohnendes Mangelgefühl und trainierst zugleich Dein Wohlstandsbewusstsein. Ohne Wohlstandsbewusstsein – der Geisteshaltung zu wissen und zu spüren, dass Du wohlhabend bist – ist es unmöglich, finanzielle Freiheit zu erreichen!

4 Geld und Zinsen

Auch der Zusammenhang zwischen Geld und Zinsen ist den meisten Menschen – sogar jenen die damit handeln – völlig unbekannt. Viele wissen nicht einmal, weshalb es Zinsen gibt.

Grundsätzlich muss Geld nicht ausgegeben werden. Es besteht kein gesetzlicher Zwang dazu. Das heißt auch, dass Du es jetzt aufbewahren kannst, um es später für einen besseren Zweck auszugeben. Damit würdest Du Geld vom Tauschmittel zum Spekulationsmedium machen und dem Geld- bzw. Wirtschaftskreislauf entziehen. Wenn das sehr viele Menschen gleichzeitig tun führt dies allerdings zu Blockaden und dazu, dass die Wirtschaft langsam erlahmen würde. Um das zu vermeiden, hat man den Zins entwickelt.

Der Zins sorgt dafür, dass wir unser Geld, wenn wir es nicht benötigen, zurück in den Kreislauf geben bzw. anderen zukommen lassen. Das macht ihn zum abstrakten Rad, in dem alle Hamster laufen. Wer es zu nutzen weiß, wird damit finanziell frei. Wer Zins- und Zinseszins-Mechanismus nicht versteht, wird zunehmend schneller laufen müssen und trotzdem irgendwann unter das Getriebe kommen. Wenn Du finanzielle Freiheit anstrebst, gilt es, den negativen Zins durch Kredit- bzw. Schuldenaufnahme zu vermeiden und den positiven Guthabenszins- und Zinseszins zu nutzen. Wie Dir das gelingt erklären wir Dir später.

5 Geld ist allen Produkten und Dienstleistungen überlegen

Es ist kein Zufall, dass unsere Wirtschaftsordnung als Kapitalismus bezeichnet wird. Das Kapital, Geld, steht im Mittelpunkt. Ohne Kapital ist es heute nahezu unmöglich, Produkte und Dienstleistungen zu erwerben. Selbst der Staat braucht das Geld, um seine Vorhaben durchzuführen. Das bringt Geld gegenüber allen Gütern in eine überlegene Position. Schließlich ist es das Medium, das für den Tausch von Leistung, wie z. B. Arbeit, gegen Produkte und Dienstleistungen, genutzt wird.

Im Gegensatz zu Produkten oder Dienstleistungen kann Geld aber etwas, das seine himmelweite Überlegenheit erklärt. Geld kann, indem man es investiert, beispielsweise durch Dividenden (Aktien oder ETFs) oder Zinsen (Anleihen, P2P-Kredite, etc.), mehr Geld erzeugen. Dabei vergessen die Meisten, dass auch hierfür Menschen oder Maschinen arbeiten müssen. Geld versetzt Dich so gesehen in die Lage, Andere – indirekt – für Dich arbeiten zu lassen. Bitte denke daran, wenn Du Deine ersten Zahlungen erhältst und gib etwas an die Gemeinschaft zurück.

6 Geld ist Motivator und bestimmt den Mindset

Wenn Du finanziell frei werden möchtest, musst Du Geld als Motivator nutzen. Du musst es in all seinen psychologischen Aspekten verstehen. Gerade die psychologische Komponente wird nämlich von den meisten Hamstern völlig unterschätzt!

Beginne damit, Dich mit Geld wohlzufühlen.

Hänge Geldscheine in Deiner Wohnung auf. Spreche darüber. Trage von nun an immer eine große Summe Geld mit Dir herum. Diese kleinen Kniffe sorgen dafür, dass Du Dich an das Gefühl, wohlhabend zu sein und Geld in großen Summen zu besitzen, gewöhnst. Sobald dieses Gefühl zu Deiner (unterbewussten) Grundeinstellung wird, wirst Du bemerken, wie Dein Weg plötzlich richtig Fahrt aufnimmt.

Der Soziologe Georg Simmels hat bereits im 19. Jahrhundert auf dieses Paradoxon hingewiesen. Schon damals stellte er fest, dass Geld jenen Wert in einer Gesellschaft besitzt, den sie ihm gibt. Je wichtiger Geld für sie ist, umso wertvoller wird es und umgekehrt. Wir leben heute in einem System, das fast ausschließlich auf die Wirtschaft, und damit indirekt das Geld, ausgerichtet ist. Damit hat das Geld, vor allem in westlichen Gesellschaften, einen enorm hohen Wert (man vergleiche dies nur mit Naturvölkern, die gar kein Geld besitzen und auch gar nicht benötigen). Darüber hinaus besitzt das Geld mehrere „(Charakter)Eigenschaften", die es gegenüber allen anderen Waren und Dienstleistungen überlegen werden lässt.

Diese Erkenntnis haben wir dem Finanztheoretiker und Sozialreformer Silvio Gesell (ebenfalls 19. Jahrhundert) zu verdanken. Einige davon beinhalten private, andere öffentliche Aspekte. Im Laufe der Jahre haben wir für das Geld sieben Eigenschaften festgestellt. Geld kann aus unserer Sicht..

...als Tauschmittel im Wirtschaftskreislauf fließen (öffentlicher Aspekt).
...als Wertaufbewahrungsmittel dienen und damit zum Spekulationsmedium werden (privater Aspekt).

...als (vertrauenswürdiges) Messmittel dienen (öffentlicher Aspekt).
...gegen Zins verliehen werden (privater Aspekt).
...nur von der Zentralbank geschaffen werden (vermeintlich öffentlicher Aspekt).
...Verteilungsinstrument (sozialer Gerechtigkeit) sein (öffentlicher Aspekt).
...finanzielle Freiheit ermöglichen und Motivator sein (privater Aspekt).

Ohne nun zu sehr in die Geldtheorie einzutauchen wird Dir anhand dieser Aufzählung hoffentlich klar, dass eine Definition von Geld gar nicht so einfach ist und Geld deshalb, ganz egal in welcher Form, allen anderen Waren und Dienstleistungen grundsätzlich immer überlegen ist. Einzig allein essen kann man Geld nicht. Das wiederum beweist, weshalb (finanzielle) Freiheit ohne Geld kaum möglich ist und Du Dich mit dem Thema Geld unbedingt eingehender beschäftigen solltest. Das ist vielleicht nicht wahnsinnig spannend oder aufregend, aber unbedingt notwendig, wenn Du finanziell frei sein und ein Vermögen aufbauen willst!

Inflation

»Wenn der Staat Pleite macht, geht natürlich nicht der Staat Pleite, sondern seine Bürger.«

CARL FÜRSTENBERG

Hören wir Inflation, denken wir automatisch – und fälschlicherweise – an Preissteigerung. Kaum jemand weiß, dass Preisanstiege erst die indirekte Auswirkung von Inflation sind. Inflation leitet sich aus dem Lateinischen „inflare" ab und heißt übersetzt Aufblähen.

Was wird aufgebläht?

In der Volkswirtschaft meint man eine Ausweitung der Geldmenge durch die jeweilige Zentralbank. Mehr Geldangebot bedeutet höhere Güternachfrage und damit eine Erhöhung der Preise. Die Konsequenz aus einer sich stetig vergrößernden Geldmenge ist eine konstante Preissteigerung und damit ein Kaufkraftverlust für die Bevölkerung. Kaufkraftverlust deshalb, weil dann einer größeren Geldmenge eine konstante Gütermenge gegenübersteht.

Was bedeutet das für Dich?

Solange Du Dein Geld zinslos liegen lässt, verlierst Du Kaufkraft und wirst ärmer! Bei einer Inflation von 3 Prozent pro Jahr bleiben so nach 20 Jahren von ursprünglich 10.000 Euro noch 6.454 Euro übrig. Deshalb wird Inflation auch als schleichende Enteignung bezeichnet. Wie schnell Dein Geld an Wert verliert hängt von zwei Faktoren ab:

- Prozentsatz (der Inflationsrate) und
- Anzahl der Jahre

Als Selbstdenker hast Du Dich jetzt bestimmt schon gefragt, weshalb Inflation überhaupt existiert. Eine Frage, die uns während des volkswirtschaftlichen Studiums einige schlaflose Nächte bereitet hat. Schließlich wurde damals die Frage nach dem "Warum" nicht mit einem Wort erwähnt, sondern Inflation ganz einfach als gegebener Faktor in Modellberechnungen verwendet.

Unsere eigenen Recherchen haben uns darauf gebracht, dass wir im herrschenden Geld- und Finanzsystem gar nicht an der Inflation herumkommen. In einem verzinsten Schuldgeldsystem kann Geld nur durch eine mit Zinsen versehene Kreditvergabe von Zentral- und Privatbanken entstehen. Das führt zu einer sich global ungebremst ausweitenden Schuldenspirale, die sich auf der Gegenseite durch Guthaben in derselben Höhe ausgleicht. Die größten globalen Schuldner sind Staaten (genau genommen seine Einwohner). Da kein Staat der Welt seine Staatsschulden zurückzahlen kann (und auch gar kein Interesse daran hat), können Staatspleiten nur vermieden werden, indem ständig neue Kredite aufgenommen werden. Die Kreditaufnahme erfolgt über die Ausgabe von Staatsanleihen. Infolgedessen haben Zentralbanken und Staaten gleich aus mehreren Gründen ein Interesse an einer konstanten Inflation.

- Durch Inflation sinkt die relative Staatsverschuldung.
- Die durch Inflation ausgelöste Preissteigerung führt dazu, dass Menschen eher heute als morgen konsumieren (sollen).
- Mehr Konsum heizt das Wirtschaftswachstum an und schafft somit Arbeitsplätze. Das begünstigt wiederum die Wiederwahl der aktuell regierenden Partei.

Das zeigt, dass die Folgen von Inflation, gerade für Konsumenten deren Konsumanteil gegenüber den Einnahmen relativ hoch ist, besonders dramatisch sind. Auf der anderen Seite profitieren Investoren von der Ausweitung der Geldmenge, weil diese parallel einen Preisanstieg der Vermögenswerte mit sich bringt.

Das weiß leider kaum jemand – doch dazu später mehr..

Geld sparen

»Sparsamkeit ist die Fähigkeit, Geld so auszugeben, daß es einem keine Freude bereitet.«

ARTHUR BRAUNER

Wenn Du finanziell frei und erfolgreich werden willst, musst Du zuerst kleine Brötchen backen. Den größten und unmittelbarsten Effekt hat es, wenn Du Geld erst gar nicht ausgibst. Geld einzusparen ist immer der erste Schritt zur finanziellen Unabhängigkeit. Nur wenn Du Geld einsparst, kannst Du es auch ansparen. Zwei Begrifflichkeiten, die gerne durcheinandergeworfen werden (wenn Du ein Angebot erwirbst, hast Du höchstens Geld eingespart, aber nicht angespart!).

Geld ein- und anzusparen ist extrem wichtig, weil Geld die Grundlage für passives Einkommen bildet. Geld ist das Mittel, mit dem Du am einfachsten passives Einkommen erzeugen kannst. Doch dafür musst Du Sparer werden. Sparer können die Metamorphose zum Verleiher, Investor, Produzenten und Unternehmer später besonders einfach vollziehen. Eine Verwandlung, die Dein finanzielles Leben auf ein ganz neues Niveau heben wird.

Wenn Du Geld sparst, kannst Du später dafür Geld bekommen, dass Andere Dein Geld nutzen. Wer das Geld besitzt, hat die Macht. Nutze diesen Zusammenhang und gehe den ersten Schritt, es gar nicht erst auszugeben!

Tipps und Tricks, wie Dir dies gelingt, erfährst Du in diesem Kapitel.

Ausgaben planen und klare Ziele haben

»Geld ohne Hirn ist immer gefährlich.«

NAPOLEON HILL

Bevor wir Dir mitteilen, wo Du Einsparungen machen kannst, muss eine Strategie bereitstehen, damit Du die Spartipps auch tatsächlich in Deinen Alltag implementierst. Genau deshalb gilt es, im folgenden Schritt, eine Strategieplanung anzufertigen - und zwar anhand des Haushaltsbuchs, das Du am Anfang des Buches herunterladen kannst (Dein Bonus zum Buch).

Identifiziere also zuerst auf eigene Faust Einsparpotentiale und Haushaltslöcher anhand Deines Haushaltsbuchs. Lasse Dich erst anschließend von den weiteren Empfehlungen und Tipps in diesem Buch inspirieren. Doch das ist erst die halbe Miete. Sobald Du bei einer Ausgabe bzw. Verbindlichkeit Einsparpotential entdeckst, gilt es hierfür eine Strategie zu entwickeln. Was wirst Du also konkret tun, um diese Ausgabe bzw. Verbindlichkeit zu minimieren? Wir finden gerade an dieser Stelle konkrete Zielsetzung extrem hilfreich. Einige der SMART-Faktoren (spezifisch, messbar, akzeptiert, realistisch, terminiert) eignen sich dafür hervorragend. Daraus hat Chris ein eigenes, sehr wirkungsvolles 5-Schritte-System entwickelt:

- Schritt # 1: Um welche Ausgabe oder Verbindlichkeit handelt es sich?
- Schritt # 2: Wie viel möchte ich einsparen?
- Schritt # 3: Bis wann möchte ich (den Betrag aus #2) einsparen?
- Schritt # 4: Wie möchte ich diese Ausgabe oder Verbindlichkeit verringern (realistische Strategie)?
- Schritt # 5: Wer oder was kann mir dabei helfen?

Aus unserer Sicht ist insbesondere die zeitliche Terminierung eines konkreten, messbaren finanziellen Ziels der Hintergrund, weshalb diese Strategie so effektiv ist. Dieses Prinzip beruht auf dem Parkinson'schen Gesetz, das besagt, dass sich eine Aufgabe immer auf seinen dafür vorgesehenen

Zeitraum ausdehnt. Deshalb solltest Du Deine Ziele zwar realistisch, aber hoch setzen: Du solltest in einem möglichst kurzen Zeitraum möglichst viel einsparen und Deinen Erfolg unbedingt messen.

Gehe die 5-Schritte-Anleitung für Deine Ausgaben (vor allem für Deine Verbindlichkeiten) durch und halte die Antworten handschriftlich fest. Diese kannst Du anschließend an eine für Dich gut sichtbare Stellen kleben und morgens und abends durchlesen. Vor allem das Aufschreiben gleicht einem inneren Vertrag mit Dir selbst. Außerdem gewinnst Du durch diese konkrete Strategie Motivation und Zuversicht, dass Du es, solange Du Dich an den Plan hältst, auch schaffen wirst. Ein Beispiel:

- Schritt # 1: Um welche Ausgabe oder Verbindlichkeit handelt es sich?
-> Ich will meine laufende Verbindlichkeit mit dem Payper-View Kanal beenden, damit ich mehr Geld zur Verfügung habe und mir am Jahresende dafür eine kleine Reise leisten kann.

- Schritt # 2: Wie viel möchte ich einsparen?
-> Ich möchte damit monatlich €20 einsparen. Das sind immerhin €240 im Jahr.

- Schritt # 3: Bis wann möchte ich (den Betrag aus #3) einsparen?
-> Mein Ziel ist es, den Vertrag zum Ende des kommenden Monats, bzw. schnellstmöglich, zu beenden.

- Schritt # 4: Wie möchte ich diese Ausgabe oder Verbindlichkeit verringern (realistische Strategie)?
-> Ich krame den Vertrag hervor und schreibe noch heute eine Kündigung und bringe diese per Einschreiben zur Post.

- Schritt # 5: Wer oder was kann mir dabei helfen?
-> Ich nutze die App „Aboalarm" oder suche im Internet ein vorgefertigtes Kündigungsformular des Anbieters und schicke es vorab per E-Mail.

Auf diese Weise erstellst Du Dir einen realistischen Aktionsplan. Zugleich reduzierst Du die Möglichkeiten, Ausreden vor Dir selbst zu finden. Darüber hinaus kannst Du nun Deine Fortschritte sowohl quantitativ (Geldbetrag) als auch qualitativ (Zeitkomponente) verfolgen. Damit hältst Du Dich in der Verantwortung. Gerade der letzte Schritt, einen konkreten Aktionsplan zu erstellen, wird beim Thema „Geld sparen" immer vergessen.

Die Konsequenz ist uns aus ambitionierten Neujahrsvorsätzen nur zu gut bekannt. Sie mögen toll und motivierend sein, doch wenn man sich keine konkreten, realistischen und terminierten Ziele in Kombination mit einem Aktionsplan setzt, ist deren Erreichung fast unmöglich. Warum? Weil wir in alte Gewohnheiten zurückfallen. Das hast Du alles schon einmal gehört oder? Also, halte Dich an diese Strategie, sie funktioniert. Fange am besten gleich damit an!

Wie Du Budgetfallen mit diesen 8 außergewöhnlichen Spartipps vermeidest

»Man muss dreimal Bankrott gehen, um zu lernen, sein Leben zu bestreiten.«

CHARLES DILLON „CASEY" STENGEL

Dieses Buch ist als ultimative Geld-Schnellstartanleitung gedacht. Deshalb stellen wir Dir nun die praktikabelsten Spartipps und Spartools vor. Uns ist es wichtig, dass Du zuerst selbst ein Gefühl dafür entwickelst, in welche schwarzen Löcher Dein Geld eingesogen wird.

Als Erstes möchten wir Dir jene Spartipps an die Hand geben, die aus unserer Sicht die größten Auswirkungen haben und entweder wenig bekannt sind oder viel zu selten genutzt werden. Außerdem sind sie besonders wirkungsvoll, weil viele davon nur wenig Deiner Zeit beanspruchen. In diesem Schritt geht es uns vor allem um einen langfristigen Effekt. Diesen konnten wir persönlich immer dann erzielen, wenn wir Prozesse automatisieren konnten. Deshalb werden einige der Tipps verrückt, extrem oder utopisch klingen. Doch am Ende des Tages haben sie die größten Auswirkungen auf Deine finanzielle Situation.

Bedenke, dass Dein Handeln den Weg vorgibt. Wenn Du bereit bist, Deinen Lebensstil anzupassen, kannst Du locker mehrere Hundert Euro monatlich einsparen. Einige Leser bestätigten uns sogar, dass sie weit über tausend Euro im Monat einsparen konnten.

Finanzieller Minimalismus: Es geht auch ohne Einschränkungen

Aus unserer Sicht muss man, wenn man Geld sparen möchte, bereit sein, seinen Lebensstandard anzupassen. Wir finden es nur ärgerlich, dass viele Menschen diesen Schritt mit Einschränkungen gleichsetzen. In unserer Erfahrung zeigt sich, dass weniger zu konsumieren oder weniger zu besitzen weder eine Einschränkung darstellen, noch am Lebensstandard kratzen muss. Nein, es führt in der Regel sogar zum Gegenteil - mehr

Zufriedenheit! Ein Motto begleitet uns in diesem Prozess seit einigen Jahren:

„Wer wenig braucht, hat alles!“

Über die Jahre haben auch wir damit begonnen, einen deutlich minimalistischeren Lebensstil zu pflegen. Selbst wenn wir ein Nettoeinkommen von unter 1.000 Euro montalich hätten, könnten wir noch gut davon leben. Vor einigen Jahren haben wir begriffen, was der Schlüssel zu finanziellem Minimalismus ist. Es geht darum, immer unter den eigenen Möglichkeiten zu leben bzw. zu konsumieren. Genau das würden wir auch Dir empfehlen. Es geht also darum, Deinen Lebensstandard so lange es geht, so „gering“ wie möglich zu halten (im Vergleich zu anderen Ländern ist ein „niedriger“ Lebensstandard hierzulande schließlich immer noch extrem hoch). Sei Dir immer bewusst, dass es extrem einfach ist, den eigenen Lebensstandard zu erhöhen. Ihn allerdings wieder zu reduzieren, fühlt sich an wie ein Verlust oder eine Einschränkung. Deshalb gehen auch nur Wenige diesen Schritt, wenn sich ihre Einkommenssituation verschlechtert und die Ausgaben und Verbindlichkeiten die Einnahmen zu übersteigen drohen. Überlege es Dir also gut, Deinen Lebensstandard zu erhöhen. Beantworte dir zuvor immer die Frage „Warum muss oder will ich das tun und was habe ich davon?“.

Zwei Minimalismus-Techniken für den Alltag

Methode # 1 heißt warten. Bevor Du eine größere Ausgabe tätigen willst, solltest Du am besten 30 Tage warten und evaluieren, ob Du sie wirklich tätigen musst. Je nachdem, zu welchem Schluss Du nach 30 Tagen kommst, tue es.

Dasselbe gilt für Shopping, ob im Supermarkt, dem Klamottenladen oder vor dem Imbiss. Hier habe ich, Chris, begonnen, die 10-Sekunden Warteregel zu praktizieren. Sobald Du etwas einkaufen willst, was möglicherweise nicht auf Deiner Liste steht, es eine günstigere Alternative gibt oder das Produkt oder die Dienstleistung nicht zur Deckung Deiner Grundbedürfnisse beiträgt, warte 10 Sekunden, reflektiere und triff eine bewusste Entscheidung.

Beide Strategien führen dazu, dass Du emotionale Impulskäufe deutlich reduzierst. Das ist ein extrem wichtiges Training, da jeder Konsum zunächst immer emotional ist. Indem Du allerdings wartest, ziehst Du Deinen Logikapparat hinzu. Das verbessert Deine Entscheidungsqualität enorm und führt zu weniger dafür aber qualitativ hochwertigerem Konsum.

Der zweite Trick, finanziellen Minimalismus im Alltag zu leben? Beginne damit, einmal im Monat Dein Hab und Gut zu minimieren. Es gibt aus unserer Sicht kaum Spartipps, die sich ähnlich positiv auch auf andere Lebensbereiche auswirken. Einerseits bietet diese Gewohnheit die Möglichkeit, den eigenen Konsum zu hinterfragen und sich gleichzeitig etwas dazuzuverdienen. Darüber hinaus ist es aber auch ein Weg, emotionalen oder materiellen Ballast abzuwerfen. Diese Methode ist denkbar einfach. Nimm Dir wenigstens einmal im Monat ein bis zwei Stunden Zeit und frage Dich, was von Deinem Besitz Du verkaufen oder verschenken könntest.

Du fragst Dich jetzt bestimmt, nach welchem Kriterium wir dies entscheiden. Da sich mittlerweile eine Art Routine etabliert hat, fällt uns dies gar nicht mehr schwer. In der Regel fragen wir uns nur, ob wir das betreffende Produkt oder die betreffende Dienstleistung in den vergangenen 3 Monaten in Anspruch genommen haben. Wenn nicht, wird sie verkauft oder verschenkt. Eine weiteres gutes Kriterium ist es, Dich zu fragen, ob Dich diese oder jene Sache wirlich mit Glück erfüllt. Tut sie es nicht: Bye!

Während es gerade zu Beginn noch schwer fallen kann, Dich von Sachen zu trennen, gilt auch hier: Übung macht den Meister. Mittlerweile macht es uns sogar richtig Spaß, anderen Menschen mit diesen Dingen eine Freude zu machen. Wir freuen uns regelrecht auf das wiederkehrende ausmisten!

Hunderte Euro sparen, durch weniger Miete

Der deutsche Haushalt gibt im Durchschnitt ein Drittel seines monatlichen Einkommens für den Bereich „Wohnen" aus. Egal ob Du ein Darlehen für das Eigenheim oder Miete bezahlst. Es ist der größte Ausgabeposten und genau deshalb liegen hierin auch die größten Einsparmöglichkeiten. Doch was ist hier wirklich praktikabel?

Ein Umzug kann natürlich am meisten Geld einsparen (wir wissen, eine drastische Maßnahme, aber Du willst ja etwas erreichen!). Ein Umzug mag zwar zunächst viel Anstrengung kosten, spart Dir anschließend jedoch langfristig hunderte Euro monatlich ein. Gerade Wohnungsbaugenossenschaften bieten gute Mietwohnungen zu günstigen Preisen an.

Es gibt aber auch noch einen Mittelweg: Die Vermietung überschüssiger Zimmer (vor allem in der Stadt). Solltest Du ein leer stehendes Zimmer zur Verfügung haben, kannst Du es auf verschiedenen Plattformen und zu verschiedenen Konditionen untervermieten (bitte mit Deinem Vermieter abklären). Ich, Chris, lebe zum Beispiel nach wie vor in einer WG, obwohl ich mir locker eine eigene Wohnung leisten könnte. Als Hauptmieter vermiete ich zwei weitere Zimmer unter. Damit halte ich meine Mietkosten extrem gering (< 300 Euro pro Monat). Eine Alternative zu längerfristigen Untervermietungen ist, überschüssige Zimmer auf der Plattform AirBnB zu vermieten. Dort kannst Du Zimmer zu eigenen Konditionen, und zwar auch nur Tagesweise, anbieten. Gerade in Messezeiten in Städten kann das ein sehr lohnendes Geschäft sein! Alles was Du tun musst, ist das Zimmer auf der Plattform ansprechend zu präsentieren und die freien Termine anzugeben. Mache Dich hierfür allerdings vorher mit den Gesetzen, vor allem in Sachen Mietverhältnis und Hotellerie, vertraut (schließlich können wirkeine Rechtsberatung für Dich leisten). Ich, Chris, spare persönlich auf diese Weise pro Monat mindestens 300 Euro gegenüber einer kleinen Einzelwohnung.

Netter Nebeneffekt? In meiner WG wird alles mit allen geteilt und das bringt enorme Ersparnisse bei Nebenkosten und Haushaltsausgaben - ganz abgesehen von den sozialen Aspekten!

Profitiere von der Share Economy

Der Begriff der Share Economy ist relativ neu. Er bezeichnet einen Austauschprozess. Gebrauchsgegenstände, die nicht ständig benutzt werden, werden miteinander getauscht, bevor man sie sich selbst kauft, was nicht nur eine große Ausgabe zur Folge hat, sondern auch Lagerkosten (der Gegenstand muss irgendwo untergebracht werden).

Es gibt zahlreiche Möglichkeiten, diese Bewegung zu nutzen. Angefangen mit dem Rasenmäher, den Du mit Deinem Nachbarn teilst bis zur Waschmaschine im Keller einer Wohnung, die für alle zugänglich ist. Der Aspekt der Mobilität (Verkehr) ist jedoch einer der größten Ausgabeposten. Deshalb konzentrieren wir uns darauf besonders. Was Du konkret tun kannst:

- Steige auf öffentliche Verkehrsmittel um.
- Nutze den Zug oder Fernbusse.
- Betreibe Carsharing und nutze Mitfahrgelegenheiten.

Öffentliche Verkehrsmittel sind besonders kosteneffizient. Du sparst Dir damit sowohl die Autoversicherung, als auch Steuern, Kraftstoffkosten, Reparaturen, Reifenwechsel, Verschleiß und mehr. Gerade in einer Stadt braucht man wirklich kein Auto und sollte lieber von Zuschüssen (die man durch Steuern ja indirekt ohnehin selbst bezahlt) profitieren. Anbieter wie Car2Go, DriveNow oder Flinkster ermöglichen es Dir, ein Auto mit Minutenpreis zu leihen. Somit zahlst Du nur genau die Zeit, die Du das Auto auch tatsächlich genutzt hast.

Auch Zug und Fernbusse sind auf längeren Strecken in der Regel deutlich günstiger als selbst mit dem Auto zu fahren. Darüber hinaus kannst Du während der Fahrt arbeiten - zum Beispiel an Deinem Zusatzeinkommen - oder Dich mit Hörbüchern weiterbilden!

Benötigst Du doch ein Auto oder hast eines, von dem Du Dich nicht trennen kannst oder willst, dann nutze doch eine der zahlreichen Carsharing Plattformen bzw. Mitfahrgelegenheiten wie BlaBlaCar. Bei Mitfahrgelegenheiten fährst Du entweder bei jemandem mit, oder Du gabelst Leute auf Deinem Weg auf und teilst damit Spritkosten und indirekt natürlich auch Verschleiß, Versicherung, Steuer, etc. Darüber hinaus lernst Du in der Regel interessante Menschen kennen und knüpfst nicht selten wertvolle Kontakte für die Zukunft.

Etwas anders funktioniert privates Carsharing. Dort kannst Du entweder ein Auto einer Privatperson mieten, oder aber Dein eigenes zur Vermietung bereitstellen (solange Du es nicht 24/7 selbst benötigst). Damit kannst Du einen großen Teil der soeben genannten laufenden Kosten einsparen und auf mehrere Schultern verteilen. Das tolle daran: Dein Fahrzeug ist für den Zeitraum durch die Carsharing-Plattform versichert! Auch hier solltest Du Dich vorher allerdings mit den Grundvoraussetzungen der jeweiligen Plattform sowie Deiner Versicherung auseinandersetzen. Die aus unserer Sicht beste Carsharing-Webseite ist Tamyca. Tamyca bietet übrigens auch eine App an, die reibungslos funktioniert.

So reduzierst Du Deine Getränkekosten extrem

Täglich trinken wir mindestens 3 Liter Wasser. Das waren für uns Alltagskosten, die schon immer nicht unwesentlich zu Buche geschlagen haben. Ganz abgesehen vom nervigen Hin- und Herschleppen der Getränkekästen. Auf der Suche nach gesundheitlichen Verbesserungsmöglichkeiten sind wir auf die Möglichkeit gestoßen, einen Wasserfilter zu verwenden. In Deutschland besteht diesbezüglich ohnehin eine große Informationslücke. Das Wasser im Getränke- oder Supermarkt ist nämlich, was die erlaubten gesundheitsschädlichen Grenzwerte angeht, deutlich schlechter als Leitungswasser. Leitungswasser unterliegt in Deutschland deutlich schärferen Begrenzungen, als Tafel- oder Mineralwasser.

Da wir gerne gesund leben, suchten wir daher nach einer Möglichkeit, weder Getränkekästen schleppen zu müssen, noch evtl. belastetes Leitungswasser trinken zu müssen. Die Lösung war ein Übertisch-Aktivkohlefilter (Chris) und ein Umkehr-Osmoseanlage (Jens). Beide Anlagen hatten sich schon nach wenigen Monaten amortisiert. Es gibt viele qualitativ hochwertige Übertisch-Aktivkohlefilter. Der Carbonit SanUno Classic bietet ein sehr gutes Preis-Leistungsverhältnis. Gute Umkehr-Osmoseanlagen mit mehreren Filterstufen kann man ebenfalls sehr günstig erwerben. Mit wenigen hundert Euro ist man dabei. Aus meiner Sicht (Jens) gibt es keine bessere Investition in Deine Gesundheit (und die, Deiner Familie), als in sauberes Trinkwasser! Mehrere Studien haben bewiesen, dass schlechte

Trinkwasserqualität in direktem Zusammenhang mit Krankheiten und Anfälligkeit steht.

Ein Aktivkohlefilter hält in etwa ein halbes Jahr. Der Wasserpreis für Leitungswasser liegt in Deutschland durchschnittlich bei etwa 2 Euro pro 1000 Liter (0,2 Cent pro Liter). Dafür bekommt man im Supermarkt ca. zwei Flaschen gutes Wasser. Der Wasserfilter kostet in der Anschaffung ca. 125 Euro (Übertisch-Aktivkohlefilter) oder 299 Euro (Umker-Osmoseanlage (UOA), 300 GPD, Direct Flow) und hat sich somit bereits nach ca. 65 Litern (respektive 150 Liter bei der UOA) getrunkenem Wasser amortisiert. Der Aktivkohle-Filter schlägt mit ca. 40 Euro pro Halbjahr zu Buche (die 4 Filter der UOA mit ca. 60 Euro halbjährlich und die Membran ca. 80 Euro alle 2 Jahre).

Allein bei einem 1-Personen Haushalt mit 3 Litern täglich getrunkenem Wasser (1.000 Liter pro Jahr mit Kosten zwischen 300 und 1.000 Euro) zahlt sich diese Investition hundertfach aus. Sobald sich mehrere Personen im Haushalt befinden multipliziert sich der finanzielle Vorteil! Netter Nebeneffekt? Stilles Wasser ist gegenüber Sprudel deutlich gesünder! Wer allerdings auf Sprudel nicht verzichten will, kann sich einfach zusätzlich einen Wassersprudler anschaffen. Du wirst mit diesen Investitionen kurzfristig trotzdem hunderte Euro und langfristig sogar tausende Euro einsparen.

Gebraucht: Sogar besser als neu?

Wir beide waren noch nie ein Fan davon, uns ständig neue Dinge anzuschaffen. Schließlich werden täglich viel zu viel funktionierende Produkte weggeschmissen und damit kostbare Arbeitszeit, Lieferwege und Transportkosten, Energie und Ressourcen verschwendet. Warum kehren wir also nicht zurück zu einer Denkweise, die auch älteren bzw. gebrauchten Produkten noch einen Wert zuweist?

Ich, Chris, kaufe zum Beispiel höchst selten etwas Neues, da es heute viele wunderbare Plattformen gibt, die gebrauchte Produkte zu einem Bruchteil ihres Neupreises anbieten. Bei vielen Produkten (z.B. Büchern) ist es zudem vollkommen egal, ob es sich um einen gebrauchten oder neuen Artikel handelt. Doch selbst sensible Elektronik kann heute von Herstellern, die das Gerät noch einmal generalüberholen, und mit Garantie, vertrauensvoll gebraucht gekauft werden. Auf diese Weise habe ich zum Beispiel vor Jahren ein gebrauchtes iPhone 4s (da war es noch ziemlich neu) für knapp über 100 Euro erworben. Es leistet noch immer hervorragende Dienste.

Doch wo ist gebraucht noch praktikabel und direkt umsetzbar?

Kleidung: Über Plattformen wie Kleiderkreisel oder Ubup kann man gepflegte und qualitativ hochwertige (Marken)Ware zu einem Bruchteil des Neupreises erwerben. Ich, Chris, kaufe meine Klamotten fast nur noch so und habe immer gute Erfahrungen gemacht!

Möbel und Haushaltsgeräte: Auf Ebay-Kleinanzeigen lassen sich vor allem größere gebrauchte Haushaltsgegenstände und Möbel günstig und zum Teil sogar kostenlos erwerben. Einzige Voraussetzung ist meistens die Abholung vor Ort. Dadurch habe ich zum Beispiel eine relativ neue Waschmaschine für ca. 100 Euro erworben, statt 400 Euro aufwärts im Elektronikfachhandel zu bezahlen. Eine weitere gute Möglichkeit ist es, einfach im Bekanntenkreis einmal herumzufragen. Gar nicht so selten mistet gerade jemand aus und verschenkt seine alten Geräte gerne, wenn man sie nur abholen kommt. So habe ich, Jens, schon mehrere große Möbel (Schränke, Tische und Stühle), einen Kühlschrank, eine Spülmaschine, eine Waschmaschine und sogar ein Klavier kostenlos erhalten. Je nachdem in welcher Stadt und Straße Du wohnst, wird Sperrmüll - oftmals noch brauchbare Möbelstücke - an bestimmten Tagen einfach von Deinen Nachbarn vors Haus gestellt.

Auto: Wenn Du Dir doch ein Auto anschaffen willst, dann bitte kein neues. Ein Jahreswagen reicht völlig aus, zumal ein neues Auto, in dem Moment, da Du es vom Hof des Verkäufers fährst, ca. 25 Prozent seines Wertes einbüßt. Besser kann man Geld und Zeit kaum zum Fenster hinauswerfen. Auf Mobile finden sich hingegen Autos von gewerblichen und privaten Anbietern. Letztere sind in der Regel deutlich günstiger aber auch mit etwas Risiko behaftet. Nimm Dir also am besten einen Mechaniker zur

Besichtigung und Kaufevaluation mit.

Bücher: Wir sind Leseratten und Bücher sind definitiv einer unserer größten Ausgabeposten. Deshalb konsumiere ich, Chris, Bücher zum einen mit meinem Büchereiausweis der Stadtbibliothek (der kostenlos ist!), oder ich kaufe sie gebraucht über Amazon bzw. Medimops. Medimops ist bezüglich der Versandkosten übrigens deutlich günstiger!

Elektronik: Auch Elektronikartikel kann man gebraucht erwerben. Besonders gut gefällt uns hier die Plattform Rebuy, weil die Geräte dort noch einmal getestet werden. Vom Privatverkäufer bekommst Du Geräte mit etwas Geduld deutlich günstiger als bei Ebay.

Kluger Konsum mit dem Klopapier-Prinzip

Der Spruch „Arm sein ist teuer" spricht zwei Aspekte an. Zum einen führt eine mangelnde Geldbildung zwangsläufig in die Armut und zu schlechteren finanziellen Entscheidungen. Diese kommen einem wiederum meist teuer zu stehen. Auf der anderen Seite sorgt auch das System dafür, dass jene, die mehr Kapital besitzen, bessere Möglichkeiten haben, als jene, die weniger Kapitel besitzen. Diesen Klassenunterschied untersuchte der Professor Yesim Orhun, gemeinsam mit Mike Palazzolo über 7 Jahre hinweg. Untersuchungsziel waren 100.000 amerikanische Haushalte und deren Klopapier-Einkaufsgewohnheiten. Klingt etwas verrückt oder? Wie so oft liegt Genie und Wahnsinn ziemlich eng beieinander. Die Grundidee der beiden zeigt genau das. Toilettenpapier wird durch alle Bevölkerungsschichten hinweg, sehr konstant verbraucht, kann kaum ersetzt werden und man benötigt es selbst dann, wenn man nur wenig Geld zur Verfügung hat. Insofern ein perfektes Exempel, da man einfach nicht darauf verzichten kann. Zudem ist es gut messbar, weil man davon kaum mehr verbraucht, wenn man einen Vorrat zuhause hat, oder mehr verdient (im Gegensatz zu Genussmitteln). Die beiden Forscher kamen nach 7 langen Jahren zu einer beeindruckenden Erkenntnis. Jene Menschen, die weniger Geld zur Verfügung hatten, haben mehr für Toilettenpapier ausgeben als jene, die im Vergleich mehr verfügbares Einkommen hatten.

Aber warum? Wenn man den Klopapier-Preis auf eine einzelne Rolle herunterrechnet, ist die Vorratspackung (z.B. 24er-Pack) Klopapier deutlich günstiger als Packungen mit lediglich 12 Rollen. Trotzdem greifen gerade Menschen mit einem niedrigeren Einkommen im Supermarkt deutlich häufiger zu der nur gefühlt günstigeren 12er-Packung. Dasselbe lässt sich auch auf andere Produkte übertragen (Waschmittel, Shampoo, Müsli, Kaffee und viele mehr.).

Die Lehre daraus? Man sollte Vorratspackungen immer mit den vermeintlich günstigeren Single-Packs vergleichen und die pro Einheit oder pro Gramm günstigere Packung kaufen. Das gilt natürlich nur für jene Produkte, die kein Verfallsdatum haben oder eingefroren werden können. Auf diese Weise kaufst Du smarter, günstiger und sparst Dir sogar Zeit, weil Du nun seltener zum Supermarkt laufen musst. Rechne doch zum Spaß einmal Deinen monatlichen Klopapierverbauch aus. Vielleicht kannst Du diese Ausgabe und weitere dieser Art bereits anfang des Monats bestreiten.

Extrem günstig reisen und zugleich mehr erleben?

Wir kennen kaum jemand, der nicht gerne reist. Doch „kein Geld" ist häufig das Argument, den Urlaub auf Balkonien zu verbringen (was natürlich auch schön sein kann, keine Frage!). Dabei gibt es eine Reihe von Möglichkeiten, einen tollen Urlaub zu verbringen, ohne sich dafür in Unkosten stürzen zu müssen. Aus unserer Sicht muss man einfach nur wissen, wovon die Reisekosten hauptsächlich abhängen. Nur wenn man die Faktoren und Variablen kennt, kann man darauf reagieren und diese minimieren oder maximieren. Was sind also die wesentlichen Faktoren für die Gesamtreisekosten?

1 Zeitliche Flexibilität und Geduld

Reisekosten, egal ob Unterkunft oder Transport (Flug, Bahn, etc.), hängen zu einem großen Teil vom Reisezeitraum ab. Es ist kein Geheimnis, dass die Reisepreise in der Hochsaison und in Ferienzeiten deutlich höher sind, als in der Nebensaison. Zeitliche Flexibilität und Geduld sind unserer Erfahrung nach essentiell, um besondere Frühbucher- oder Last-Minute Angebote nutzen zu können. Gerade die Fluglinie Condor hat einmal pro Monat tolle Flugangebote (Eintagsfliegen). Die Plattform Skyscanner bietet darüber hinaus die sehr gute Suchergebnisse. Du kannst dort mit einer Matrix arbeiten und Deine Hin- und Rückflüge den Preisen entsprechend anpassen. Besonders gute Erfahrungen haben wir auch mit "ita fligth search" gemacht. Hier kannst Du Du Dir für einen ganzen Monat die günstigsten Tagespreise für Flüge in einem Kalender anzeigen lassen. Neben verschiedenen Flughäfen kannst Du dort auch den aufenthalt flexibel eingeben. Zum Beispiel könntest Du angeben, dass Du zwischen fünf und sieben Tagen am Zielort bleiben möchtest. Gerade durch die spezifischen, vielfältigen Angaben findest Du so oft sehr gute Preise. Um eine günstige Unterkunft kannst kümmerst Du Dich dann, wenn Du den Flug gebucht hast.

2 Örtliche Flexibilität

Dasselbe gilt für Flexibilität und Geduld hinsichtlich Deines Urlaubsziels. Wenn Du flexibel bist, kannst Du nämlich auf Angebote warten und reagieren. Hierfür gibt es einige tolle Plattformen, die Reisen an ausgefallene Orte zu hochattraktiven Preisen anbieten. Darunter sind insbesondere:

- Urlaubspiraten
- Urlaubsguru
- Reisetiger
- Travelox
- ltur

3 Flexibilität bei der Unterkunft

Es gibt eine Reihe von Plattformen, über die man enorm günstig Urlaub machen kann. Hierfür ist allerdings wiederum Flexibilität hinsichtlich der eigenen Ansprüche entscheidend. Wenn Du zum Beispiel abenteuerlustig bist, kannst Du kostenlos couchsurfen. Kostenlose Schlafplätze gibt es auf der ganzen Welt! Die Plattform AirBnB ist die gehobenere und sicherere Variante bei einer Privatperson zu übernachten. Kostet dafür aber auch. Weitere tolle Möglichkeiten findet man darüber hinaus auch bei Wimdu

So reduzierst Du alle Deine laufenden Verbindlichkeiten

Kommen wir zu dem womöglich gewöhnlichsten Tipp in diesem Kapitel. Nichtsdestotrotz möchten wir ihn nicht in die folgende Kategorie verschieben, weil er extrem wichtig ist. Denn einmal umgestellt, sparst Du Dir hier langfristig Geld. Ja, wir reden von den Nebenkosten bei Miete oder Eigenheim. Dazu zählen insbesondere Energie (Strom), Heizen (Gas oder Öl), Kommunikation (Internet & Telefon), Sicherheit (Versicherungen) sowie Schulden (laufende Kredite). Allein diese 5 Faktoren zumindest einmal jährlich zu überprüfen und anzupassen führt zu einer Verbesserung des Haushaltsbudgets um mehrere Hundert, oder gar tausende Euro jedes Jahr! Ein Vermögen, für das es sich durchaus lohnt, einige Zeit und Gedanken auf deren Optimierung zu verwenden.

Insbesondere die laufenden Verbindlichkeiten zu reduzieren ist aus unser Sicht ein wesentlicher Schlüssel zum Erfolg. Hat man mehrere Kredite, dann sollte man als ersten denjenigen zurückzahlen, für den man die höchsten Schuldzinsen blecht. Und gerade Nebenkosten, Versicherungen und Abonnements können zu großen und unnötigen Kostenfallen werden. Sich ihrer zu entledigen oder sie zu verringern ist fundamental, um finanziell gesund und finanziell erfolgreich zu werden.

Auf unserem Blog *www.finanzpreneur.com* haben wir mehrere Vergleichsrechner installiert, die Du für Dich nutzen kannst. Bitte verschiebe diesen Schritt nicht. Überprüfe die Höhe Deiner Verbindlichkeiten jetzt und leite, wenn sich Einsparmöglichkeiten ergeben, sofort Schritte ein.

#1: Stromkosten reduzieren
www.finanzpreneur.com/stromvergleich/

#2: Heizkosten reduzieren
www.finanzpreneur.com/gaspreisvergleich/

#3: Internet & Telefonkosten reduzieren
www.finanzpreneur.com/dsl-vergleich/

#4: Kreditkosten reduzieren (umschulden)
www.finanzpreneur.com/kredit-umschulden/

#5: Versicherungskosten reduzieren
Versicherungen, die Sinn machen können:

- Gesetzliche Krankenversicherung, Pflicht
- Haftpflichtversicherung, Pflicht
- KFZ-Versicherung bei KFZ-Besitz, Pflicht
- Hausratversicherung, optional
- Berufsunfähigkeitsversicherung, optional
- Unfallversicherung, optional
- Rechtsschutzversicherung, optional
- Private Pflegeversicherung, optional

#6: Sonstige Verbindlichkeiten reduzieren

- Pay TV kündigen (zum Beispiel Sky, Kabel Deutschland, Netflix, Maxdome usw.)
- Amazon Prime kündigen
- Hochglanzmagazine kündigen (und lieber die alten lesen oder aus der Bibliothek ausleihen)
- Zeitungsabonnement kündigen
- Konten mit Kontoführungsgebühren kündigen
- Fitnessstudio kündigen (draußen Sport treiben ist gesünder und gratis!)

Allein diese 8 Punkte konsequent einzuhalten und den Überschuss auf ein Sparkonto einzuzahlen, würde ausreichen, ein finanziell freies Leben zu führen. Wir hoffen sehr, dass Du allein damit eine Menge hilfreicher Denkansätze gewinnst, wie Du alltägliche laufende Kosten tatsächlich minimieren kannst.

Sei dies durch Teilen mit anderen, den Konsum gebrauchter Artikel, einem veränderten Lebensstil, oder der Befreiung der erdrückenden Kosten laufender Verbindlichkeiten.

Das unbekannte finanzielle Grundgesetz

»Am meisten fühlt man sich von der Wahrheit getroffen, die man sich selbst verheimlichen wollte.«

FRIEDL BEUTELROCK

Diese Grundregel ist nicht einmal den meisten Wirtschaftsstudenten bewusst. Sie bezieht sich auf den Unterschied zwischen Vermögen und Verbindlichkeiten. Ihn zu kennen und sein Einkommen dementsprechend aufzuteilen bzw. zu investieren - und zwar konsequent, Monat für Monat - ist der elementare Unterschied zwischen Arm und Reich! Kurz und knapp gesagt kann man Verbindlichkeiten und Vermögen folgendermaßen unterscheiden:

Verbindlichkeiten kosten Geld. Vermögen bringen Geld ein.

Verbindlichkeiten sind (laufende) Kosten. Vermögen wiederum sind (laufende) Einnahmen aus Einkommensströmen, für die in der Regel keine zusätzliche Arbeit mehr verrichtet werden muss. Der wichtigste Ansatz, um Geld zu Sparen und reich zu werden, ist daher:

Minimiere Verbindlichkeiten und maximiere Vermögenswerte.

Auch das klingt trivial und trotzdem macht es kaum jemand. Und genau deshalb bezeichnen wir es als Geldgesetz. Wer sich nämlich nicht an Recht und Gesetz hält, wird in der Regel bestraft. Ganz abgesehen von den physikalischen Gesetzen, gegen die es sogar unmöglich ist zu verstoßen. Diejenigen, die dieses Geldgesetz aber beherzigen, sind es schon oder werden finanziell frei! Das klingt logisch. Dennoch herrscht beim qualitativen Inhalt der Begriffe häufig Verwirrung. Häufig ist der Wunsch Vater des Gedankens. Die Mehrheit der Menschen nimmt nämlich fälschlicherweise an, sie sei vermögend. Bei genauerer Betrachtung entpuppt sich das vermeintliche Vermögen jedoch als eine oder mehrere versteckte Verbindlichkeiten. Viele Menschen bezeichnen z.B. ein Auto als Vermögen. In Wahrheit verstecken sich dahinter Verbindlichkeiten (Kosten) wie Steuern, Reparaturen, Versicherungen, Benzin etc. In erster Linie ist ein Auto zwar ein Wertgegenstand, das aber Folgekosten impliziert. Typische Verbindlichkeiten sind:

- das Eigenheim (wenn nicht in einer Gegend gebaut, wo die Immobilienpreise explodieren) und die monatlichen Nebenkosten.
- Miete
- Abonnements (Zeitungen, Magazine, Pay-per-View wie Sky oder Netflix, Handyverträge, Spotify, etc.)
- Kredite (vor allem Konsumkredite!)
- Monatliche Grundgebühren aller Art
- Girokonto mit Kontoführungsgebühren
- Steuern bzw. Steuernachzahlungen

Wahre Vermögensgegenstände hingegen bringen entweder laufend Geld ein oder halten ihren Wert, gemessen durch die Kaufkraft. Dazu zählen:

- Zinsen auf Sparguthaben, Tagesgeld, etc.
- Passive Einnahmen aus Lizenzen oder Tantiemen
- Einnahmen aus Aktiengewinnen oder Dividenden
- Passive Einnahmen aus Mieteinnahmen
- Passive Einnahmen im Internet (z.B. Affiliate Marketing)
- Einnahmen durch Immobilienverkäufe, Oldtimer, etc.

Wer diese Unterscheidung nicht kennt, wird niemals finanzielle Freiheit erreichen können. Auch dieser Erkenntnisprozess kann durchaus schmerzhaft sein. Deshalb solltest Du Dir einer Aussage unbedingt bewusst sein. Sie wird Dich garantiert motivieren, Deine finanzielle Situation in die Hand zu nehmen und zu verbessern:

Das während der Woche - im Tausch für wertvolle Lebenszeit - hart erarbeitete Geld wieder auszugeben, ist die sichere Strategie für lebenslange „Knechtschaft".

Finanziell freie Menschen tun genau das Gegenteil. Sie investieren einen Teil (manchmal auch Großteil) des hart erarbeiteten Lohnes oder Einkommens schon am Monatsanfang in Vermögenswerte! Sie legen ihr Geld also in Dinge an, die im Laufe der Zeit, mehr oder weniger unabhängig vom eigenen Aufwand, mehr Geld generieren. Sie nutzen damit die Vorzüge des Systems. Deshalb gilt es, Dich, zumindest in diesem Punkt, an den Reichen und finanziell freien Menschen zu orientieren:

Stecke weniger Geld in Verbindlichkeiten - dazu zählen in der Regel Konsumgüter, die man nicht zum Überleben benötigt - und investiere mehr Geld in Vermögensgegenstände - also Dinge, die Dir regelmäßig zusätzliches Geld zahlen bzw. einbringen.

Diese Erkenntnis kann nicht hoch genug eingeordnet werden. Denn selbst ein Rezeptionist, der über ein geringes Einkommen verfügt, kann reicher werden als ein Investmentbanker, solange er diszipliniert nach diesen finanziellen Grundgesetzen lebt. Ersterer mag ein deutlich geringeres monatliches Einkommen haben, aber moderat leben und Geld sparen, während der Zweitere ein Vielfaches verdient, aber hohe (Konsum)Ausgaben verzeichnet und nichts zur Seite legt. Betrachtet man gerade die langfristige Wirkung des Zinseszinses, ist der Rezeptionist dem Banker schon in 10 Jahren uneinholbar davongezogen.

Geld verdienen

»Zuerst wähle eine klare, eine realisierbare Idee – ein Ziel. Als Zweites versehe Dich mit den Mitteln, die zur Erreichung dieses Zieles notwendig sind: Wissen, Geld, Rohstoffe und Methoden. Im dritten Schritt setze alle deine Mittel im Hinblick auf das zu erreichende Ziel ein.«

ARISTOTELES

Du weißt nun, wie Du einfach und effektiv Geld sparst. Welche Grundstrategien gibt es, (zusätzliches) Einkommen zu generieren? Generell muss man zwischen einer Erhöhung der Qualität oder der Quantität der Arbeitsleistung unterscheiden.

Geld verdienen durch mehr Arbeitsqualität

Eine quantitative Erhöhung der Arbeitsleistung bedeutet, dass Du entweder einen zusätzlichen Job annimmst, oder im gegenwärtigen Job Überstunden anhäufst, die Du Dir auszahlen lässt. Eine qualitative Ausweitung der Arbeitsleistung meint hingegen die Steigerung eigener Kreativität oder Effizienz (Produktivität). Beide Herangehensweisen führen in der Regel zu einer Erhöhung des monatlichen Einkommens. Sie unterscheiden sich allerdings darin, wie schnell und in welchem Maße sie sich finanziell auswirken.

Geld verdienen durch mehr Arbeitsquantität

Der Weg der quantitativen Erhöhung der Arbeitsleistung bringt aus finanzieller Sicht meist die schnelleren Resultate. Ein zusätzlicher Job hat unter anderem den Vorteil, dass man sich in einem möglicherweise fremden Thema zusätzliche Expertise aneignet. Sie kann man dann später beim Aufbau einer Selbstständigkeit nutzen. Darüber hinaus ist ein Nebenjob auf 450€-Basis von der Lohnsteuer und der Sozialversicherung befreit, da der Arbeitgeber hierfür eine Pauschalabgabe entrichtet. Was man auch nicht vergessen sollte: In jeder neuen Arbeitsstelle kann man neue Kontakte knüpfen. Ein breites soziales und berufliches Netz ist für den Weg in die finanzielle Unabhängigkeit von enorm großem Vorteil. Sicherlich ergeben sich dadurch neue Chancen und Möglichkeiten, die es dann aber auch zu ergreifen gilt!

Was jetzt? Quantität oder Qualität? Der Weg der qualitativen Erhöhung der Arbeitsleistung ist hingegen mühsamer, verspricht aber auf lange Sicht größeres finanzielles Erfolgspotential. In einem Angestelltenverhältnis resultieren qualitative Verbesserungen nicht selten in Gehaltserhöhungen oder einer Beförderung. Dafür muss man jedoch kreativ werden und aufmerksam sein. Findest Du zum Beispiel Wege, die Arbeitsprozesse effizienter und produktiver zu gestalten? Inwiefern bist Du für die Firma ein Vermögensgegenstand (Asset)? Schließlich hat jedes Unternehmen Zeit und damit Geld in jeden einzelnen Arbeitnehmer gesteckt. Dieser hat sich womöglich Fachwissen angeeignet, dass bei Verlust des Arbeitnehmers zumindest teilweise verloren ginge! Daher versuchen Unternehmen, schon allein aus Kostengründen, Arbeitnehmer möglichst lange an sich zu binden. Diesen Fakt sollte man in Gehaltsverhandlungen unbedingt für sich nutzen und mit fachlichen Argumenten zur Geltung bringen.

Geld verdienen als Selbstständiger

Der dritte Ansatz sich selbstständig zu machen, ist die Symbiose beider genannter Aspekte. Nicht umsonst setzt sich der Begriff aus den Worten "selbst" und "ständig" zusammen. Selbstständige profitieren von dem Luxus, keinen Chef zu haben und die Arbeitszeiten selbst und frei wählen zu können. Auf der anderen Seite fluktuiert (schwankt) das monatliche Einkommen, das macht langfristige Planungen deutlich schwieriger. Ganz zu schweigen von geregelten Arbeitszeiten, die man als Selbstständiger vermissen wird!

Diesen Unsicherheiten ist man in einem Angestelltenverhältnis nicht ausgesetzt. Außerdem hat man sich als Selbstständiger auch um viele andere organisatorische Aspekte (z. B. die Kranken-, Pflege-, oder Arbeitslosenversicherung, ggfs. Buchhaltung und andere Dinge) zu kümmern. Aufgaben, die sonst der Arbeitgeber übernimmt. Für jeden Typ Hamster ist also, je nach Charakter und Vorlieben, eine andere Herangehensweise empfehlenswert.

Natürlich gibt es noch weitere Möglichkeiten, Geld zu verdienen. Dazu zählen Strategien des passiven Einkommens, Geld im Internet zu verdienen, eigene Fähigkeiten möglichst teuer zu verkaufen, Produkte und Dienstleistungen zu erfinden und zu veräußern und so weiter und sofort! Etwas weiter im Buch gehen wir auf verschiedene konkrete Möglichkeiten ein, Geld im Internet oder auch offline zu verdienen.

Der schnellste Weg zum Reichtum?

Die meisten Menschen denken, sie hätten keine Chance, ihr Einkommen zu kontrollieren. Sie hoffen auf Gehaltssteigerungen oder betteln sogar um diese. Was wäre, wenn wir Dir sagen würden, dass das nicht länger sein muss?

Bob Burgh hat in seinem Buch „The Go-Giver“ eine unglaublich einfache und interessante Beziehung hergestellt. Er sagt, dass unser Einkommen unmittelbar damit zusammenhängt, wie viele Menschen wir erreichen und wie viel Mehrwert wir ihnen, gemessen am Preis, liefern können. Je größer der Mehrwert, umso größer der Wert unseres Produktes oder unserer Dienstleistung und umso zufriedener die Kunden.

Der einzige Weg zu schnellem Reichtum

Beeinflusse Millionen und Du machst Millionen!

ANONYM

Wenn Du schnell reich werden willst, musst Du verstehen, dass dies mit einer „normalen" Karriere in einem Unternehmen quasi nicht möglich ist. Schließlich erfolgen Gehaltssteigerungen in der Regel langsam und linear. Wahrer Reichtum funktioniert aber exponentiell! Der einzige realistische und seriöse Weg, dies zu erreichen, verlangt von Dir eigene, automatisierbare und skalierbare Produkte oder Dienstleistungen. M.J. de Marco stellt in seinem Buch „The Millionaire Fastlane" eine einfache Rechnung vor, die zeigt, wie Du künftig Dein Einkommen kontrollierst und beliebig skalierst.

Umsatz = Verkaufte Einheiten (Anzahl) x Gewinn pro Einheit (Marge)

Im Zeitalter der Digitalisierung ist es einfacher als je zuvor, diese Rechnung in ein profitables (Internet-)Business zu transferieren. Was Du dafür benötigst?

- Einen Lead-Magneten (kostenloses Geschenk im Austausch gegen die Email-Adresse Deiner zukünftigen Kunden für den Datenbankaufbau)
- Eine Email-Marketing Software als Dein persönlicher und extrem günstiger Vertriebsmitarbeiter (automatischer Versand von Emails – 24 Stunden am Tag, 7 Tage die Woche, 365 Tage im Jahr)
- Ein erstes, digitales und günstiges Produkt (zwischen 7€ und 19€). Das sorgt dafür, dass die Kaufhemmschwelle für Folgeprodukte herabgesetzt wird.
- Ein hochpreisiges Produkt zwischen 60€ und 600€ (Videokurse eignen sich hierfür besonders gut) mit Geld-zurück-Garantie und konkreten, zeitlich determinierten Erfolgsversprechungen.

Natürlich gilt diese Rechnung auch für jedes physische Unternehmen. Wichtig ist dabei nur, dass es die Charakteristika kostengünstig, skalierbar und automatisierbar besitzt. Laufen die meisten Prozesse einmal automatisch ab, kann man sich auf die Kernbereiche fokussieren und diese professionalisieren. Zwar kann der Anfangsaufwand zur Einrichtung höher sein, doch hat sich dieser Zeitaufwand, wenn richtig gemacht, innerhalb kürzester Zeit bereits armortisiert. Wir gehen sogar soweit und sagen Dir, dass Du es Dir als Unternehmen gar nicht mehr leisten kannst, nicht von der Automatisierung und Skalierung zu profitieren. Sonst kommt ein Wettbewerber und tut dies an Deiner Stelle.

Arbeite an Deinen Fähigkeiten

»Was in unserer Macht liegt zu tun,
liegt in unserer Macht nicht zu tun.«
ARISTOTELES

Wenn Du die obige Strategie interessant findest, musst Du im ersten Schritt an Deinem Wert arbeiten. Was ist es, das Du besonders gut kannst, zu dem Dich die Leute fragen, oder worin Du besonders großes Interesse hast? Daran zu arbeiten heißt, den Wert Deines Humankapitals zu erhöhen – so doof sich das anhört! Denn jede Investition in Dich selbst zahlt immer die höchsten Renditen. Im nächsten Schritt geht es darum, Dir explizites und implizites Wissen zu diesen Themen anzueignen.

Explizites Wissen

Darunter versteht man Wissen, das Du von Dritten erhalten hast. Dazu zählen Bücher, YouTube-Tutorials, Fernsehsendungen, Interviews, und so weiter. Explizites Wissen ist die Grundlage für das sehr viel wertvollere implizite Wissen. Explizites Wissen ist passiv und damit zunächst „wertlos".

Implizites Wissen

Mit diesem Begriff bezeichnen wir wahres Wissen und meinen damit, selbst gemachte Erfahrungen. Denn nur, was Du selbst erlebt und erfahren hast, kannst Du wirklich beurteilen und anderen Menschen weitergeben. Schließlich weißt Du dadurch, dass eine Methode, ein Ratschlag, oder eine Strategie eben wirklich funktioniert (oder auch nicht). Implizites Wissen eignest Du dir an, indem Du explizites Wissen in der Praxis anwendest. Das geht im Rahmen von praktischen Selbstversuchen, Seminaren, praktischen Kursen und so weiter. Implizites Wissen ist aktiv. Damit einher geht durch die praktische Anwendbarkeit ein je nach Spezifität (je spezifischer Dein Wissen, umso wertvoller, da umso seltener) zunehmend steigender Wert.

Je mehr implizites Wissen Du Dir in einem oder mehreren Bereichen aneignest, umso wertvoller machst Du Dich. Schließlich ist es Wissen, das nicht in Büchern oder Vorträgen gelehrt werden kann, sondern das Du selbst erfahren und gemeistert hast. Konzentriere Dich also auf eine kluge Kombination beider Wissensbereiche. Deine Kunden werden genau das zu schätzen wissen!

Arbeite hart!

»Müde macht uns die Arbeit, die wir liegenlassen,
nicht die, die wir tun.«
MARIE VON EBNER-ESCHENBACH

Wenn Du schon arbeitest, dann solltest Du schließlich so produktiv wie möglich sein! Schließlich willst Du große Ziele erreichen. Durch Deine volle Aufmerksamkeit auf die Sache im Hier und Jetzt gewährleistest Du, dass Du nichts Wichtiges übersiehst. Das spart Dir zum einen Zeit, da Dir unter Umständen eine lästige Fehlersuche im Nachhinein erspart bleibt. Zum anderen bewirkt es, dass Du schneller besser in dem wirst, was Du tust. Darüber hinaus bekommst Du mehr erledigt und kannst den Feierabend richtig genießen, da Du stolz auf das bist, was Du heute alles geschafft hast.

Eliminiere konsequent alle Ablenkungen und konzentriere
Dich beim Arbeiten auf das, was erledigt werden muss!

Wähle, wenn möglich, von vornerein einen Arbeitsort, an dem Dich keiner stören kann. Merkst Du, dass Du selbst nicht mehr richtig bei der Sache bist, dann leg eine Pause ein oder tausche die aktuelle Tätigkeit gegen eine andere aus.

Auch, wenn Du zwar von der Skalierbarkeit und Automatisierbarkeit profitierst, kommst Du schneller zu besseren Zielen, wenn Du Dir gleich zu Beginn an eine gesunde Arbeitsmoral gewöhnst.

Dein Internet-Business: Geld online verdienen

»Große Werke werden nicht durch Gewalt, sondern durch Ausdauer vollbracht. Derjenige, der mit Entschlossenheit drei Stunden pro Tag vorangeht, wird in sieben Jahren eine Entfernung, so groß wie den Erdumfang, hinter sich bringen.«

SAMUEL JOHNSON

Damit Du direkt loslegen kannst und erste Unternehmerluft schnupperst, haben wir für Dich einige interessante, digitale Geschäftsmodelle herausgesucht, die kaum Kosten verursachen und damit eine perfekte Start-Grundlage sein können. Alle diese Möglichkeiten haben gemeinsam, dass Du mit Ihnen in kurzer Zeit und mit ein bisschen Einsatz schnell Geld verdienen oder dazuverdienen kannst. Darüber hinaus brauchst Du davor keine Investition (Geldeinsatz) zu tätigen, sondern kannst direkt (mit Deinem Zeiteinsatz) loslegen. Voraussetzung ist lediglich, dass Du einen Internetanschluss zur Verfügung hast.

Zwar hören sich die Ideen zunächst stark nach aktiver Arbeit an, allerdins kannst Du theoretisch jede dieser Ideen mit ein bisschen Phantasie skalieren und automatisieren.

#1 Dein Freelancing-Business

Als Freelancer arbeitest Du für verschiedene Kunden an einem Teil ihres Projekts. Um einen solchen Arbeitgeber zu finden, bedienst Du dich dafür bekannter Plattformen, die sich darauf spezialisiert haben, Freelancer mit Arbeitgebern zu vermitteln. Dabei kann jeder auch selbst zum Arbeitgeber avancieren und Mini-Projekte in Auftrag geben.

Deine Fähigkeiten

Die Palette reicht vom Texter und Designer über den Kundenbetreuer, virtuellen Assistenten und Datenanalyst bis hin zum Programmierer und Web-Developer. Weitere Tätigkeiten sind: Videomarketing, Musiker, Kundenbetreuer, Online-Marketing Experte oder Übersetzer. Der Fantasie sind fast keine Grenzen gesetzt! Alles was es an „Computer-Skills" gibt, wird auf diesen Plattformen auf der einen oder anderen Art nachgefragt. Doch auch für physische Arbeiten besteht durchaus eine Nachfrage (zum Beispiel Fotograf). Bezahlt wird, nachdem Du das Projekt bzw. die Meilensteine abgeschlossen hast.

Das Besondere ist, dass man nicht zwingend ein ausgesprochener Experte in einem Bereich sein muss. Natürlich ist es für Deine Bezahlung extrem hilfreich, wenn Du Dich bereits in einem Gebiet etwas mehr auskennst oder schon Erfahrung mitbringst. Andererseits ist dies aber eben nicht notwendig. Lediglich der Preis, den Du für Deine Arbeit verlangen kannst, wird ohne Kenntnisse geringer ausfallen – immer vorausgesetzt, dass Du den Auftrag auch erfolgreich abschließen kannst.

Der Ablauf

Registriere Dich auf einer oder mehrerer Freelancer-Plattformen. Jede hat zwar eine unterschiedliche Benutzeroberfläche, doch funktionieren sie unterm Strich alle gleich: Registrierte Arbeitgeber laden ihre Jobangebote hoch und Freelancer können diese annehmen, bzw. sich für ein Projekt vorschlagen. Dafür ist es wichtig, dass man sein Profil möglichst vollständig angibt und bereits erfolgreich abgeschlossene Projekte erwähnt.

Der Arbeitgeber entscheidet nun anhand Deines Profils, ob er Dich einstellen möchte. Wenn Du eine Zusage bekommst, wirst Du im Nachgang die Details mit dem Arbeitgeber besprechen. Und schon kannst Du mit der Arbeit loslegen!

Bezahlt wird nach Abgabe der Arbeit, beziehungsweise manchmal gibt es Teilziele, sogenannte Meilensteine, die ebenfalls eine Teilzahlung auslösen. Wenn Du Deine Arbeit besonders gut machst, gibt es für den Arbeitgeber außerdem die Möglichkeit, Dir eine Bonuszahlung zukommen zu lassen.

Deine Strategie

Besonders wichtig ist, dass Du Dir im Vorfeld überlegst, welche Arbeiten Du wahrscheinlich besonders gut oder besonders schnell erledigen kannst. Das Ganze sollte Dir außerdem natürlich auch eine gewisse Freude bereiten. Am besten ist es, Du schaust erst einmal bei den Portalen vorbei und machst Dir eine Vorstellung davon, was es alles gibt. Welche spezifischen Kategorien gibt es? Welche Art von Jobangeboten befinden sich in den einzelnen Kategorien?

Wenn es etwas konkreter wird und Du Dir vorstellen kannst, den einen oder anderen Job anzunehmen, dann solltest Du zu allererst Dein Profil auf Vordermann bringen und eventuell leicht abändern, sodass es auf das Jobangebot, das Du annehmen willst, zugeschnitten ist. Hebe dazu genau diejenigen Fähigkeiten auf Deinem Profil hervor, die gefordert werden.

Bevor Du einen Job annimmst, solltest Du Dir selbstverständlich auch die Jobbeschreibung genau durchlesen: Besitze ich die Fähigkeiten, den Job zu erledigen? Wann ist Abgabetermin, schaffe ich das? Mit der Zeit sammelst Du immer mehr Erfahrung und kannst unter Umständen sogar Deinen Stundenlohn anheben. Besonderen Wert legen die Arbeitgeber in der Regel auf das Einhalten der Deadline, offene und transparente Kommunikation sowie Ehrlichkeit.

upwork (EN)

Auf dieser Plattform findest Du Arbeitgeber aus ganz verschiedenen Ländern. Neben vielen deutschen Angeboten gibt es von daher ein besonders großes englischsprachiges Angebot.

https://www.upwork.com/

twago (DE)

Ebenfalls eine sehr professionelle Freelancer-Plattform mit Sitz in Berlin. Wahrscheinlich ist dies die größte Plattform in Europa. Im Moment gibt es twago in 11 verschiedenen Sprachen und Ländern!

https://www.twago.de/

mylilttlejob (DE, IT, ES, EN)

Diese Plattform richtet sich insbesondere an Studenten. Jobs umfassen Recherche, Datenpflege, Umfragen, Übersetzungen und viele mehr.

https://www.mylittlejob.de/

clickworker (DE, EN)

Bei clickworker werden einem nach Anmeldung verschiedene Mikrojobs zugeteilt, beziehungsweise vorgeschlagen. Zu den Jobs zählen Texte zu erstellen oder zu korrigieren, an Umfragen teilzunehmen und Daten zu recherchieren und zu kategorisieren.

https://www.clickworker.de/clickworker/

99designs (EN)

Die wohl bekannteste Plattform für Designer. Hier können Auftraggeber Projekte ausschreiben, auf die sich die Designer bewerben können, indem sie einen ersten Entwurf einschicken. Wird das eigene Design genommen, so wird dieses abgerundet und es winken mehrere hundert Euro als Vergütung.

https://en.99designs.de/

textbroker (DE)

Hier wirst Du für das Schreiben von Texten pro Wort bezahlt oder kannst selber auch Texte in Auftrag geben.

https://www.textbroker.de/

Weitere Freelancer Plattformen:

- Rent a coder (EN): *http://www.rent-acoder.com/*
- crowdSPRING (EN): *https://www.crowdspring.com/*
- Freelancer (EN): *https://www.freelancer.com/*
- Guru (EN): *http://www.guru.com/*

#2 Baue ein Team auf und biete Dienstleistungen an

Mit dieser Strategie wirst Du zum perfekten Koordinator! Während Du Dein (Freelancer-)Team für Dich arbeiten lässt, kümmerst Du Dich darum, Dein Geschäft vorwärtszubringen. Dein Team stellst Du dabei nicht fest ein, sondern bezahlst es je nach abgeschlossenem Projekt. Zwar trägst Du das finanzielle Risiko, doch ist dieses auf das jeweils laufende (Mini)Projekt begrenzt.

Deine Fähigkeiten

Du solltest auf jeden Fall Spaß an der Koordination haben. Wenn ein Mitglied Deines Teams in Verzug ist, musst Du ihm auf die Finger klopfen können, damit auch Du Deine Deadlines einhalten kannst. Darüber hinaus ist es hilfreich, wenn Du grundlegende mathematische Kenntnisse hast, um eine Kosten- und Nutzenanalyse durchzuführen. Am Ende des Tages gehst Du für eine kurze Zeit für Dein Team in Vorleistung. Von daher ist es definitiv von Vorteil, wenn Du schon einen gewissen Kapitalpuffer aufgebaut hast.

Der Ablauf

Du befindest Dich genau an der Schnittstelle zwischen den gesamten Arbeitsabläufen. Du ziehst die Aufträge an Land, beziehungsweise musst Deine (Team-)Leistungen anbieten. Dafür kannst Du entweder Deine eigene Internetseite benutzen oder eine der gängigen Freelancer-Plattformen (siehe #1). Wir empfehlen Dir jedoch, eine eigene Internetseite höchstens als Ergänzung zu nutzen. Verlässt Du Dich nämlich bloß darauf, musst Du wahrscheinlich sehr viel Zeit und Kapital aufwenden, um Kunden auf dieselbe zu locken und diese dann noch in Aufträge umzuwandeln.

Je nachdem, welche Fähigkeiten Du selbst hast und über wie viel Kapital Du verfügen möchtest, lagerst Du große Teile der Wertschöpfungskette komplett aus. Selbst wenn Du auf dem einen oder anderen Gebiet gar nicht so schlecht bist, lohnt es sich meistens, auch diese Tätigkeiten komplett auszulagern. Damit gewinnst Du nicht nur Zeit, sondern sorgst außerdem dafür, dass Dein Geschäftsmodell skalierfähig wird.

Wenn Du nun beispielsweise den Auftrag bekommst, eine Internetseite zu programmieren, musst Du selbst gar keine Programmierkenntnisse haben. Du greifst einfach auf Dein Team zurück, welches Du im Internet rekrutierst. Dafür gibt es Seiten wie fiverr oder tennerr (bzw. die Plattformen aus #1), wo Du ganz spezielle Dienstleistungen für kleines Geld, auslagern kannst.

Zum Beispiel könntest Du dort für etwa 20 € eine Wordpress Installation einrichten lassen, für ca. 10 € ein Logo designen lassen, zwei oder drei Blogeinträge á 10 € schreiben lassen und auch noch die Suchmaschinenoptimierung für 15 € bis 90 € auslagern. Insgesamt belaufen sich Deine Kosten in diesem Beispiel auf maximal 90 €.

Deinem Kunden gegenüber kannst Du jeden einzelnen dieser Aspekte dabei teurer verkaufen. Am Ende des Tages sind es ja schließlich auch Deine Kontakte und Dein Know-How, ohne das Dein Kunde niemals diesen günstigen Preis hätte bekommen können. So ein Paket könntest Du je nach Umfang und Umsetzung locker für mehrere hundert, wenn nicht sogar für gut 1000 € oder mehr verkaufen. Deine Marge bei einem Verkauf für 1000€ betrüge demnach über 90% vor Steuern!

Deine Strategie

Von ganz entscheidender Bedeutung für diese Strategie sind Deine Koordinationsfähigkeit und die Auswahl Deines Teams. Grundsätzlich musst Du bei der Auswahl deiner Teammitglieder darauf achten, dass Du zu 100% zufrieden mit ihrer Arbeit bist und dass diese ihre Deadlines einhalten können. Dein gesamtes Team ist nur so stark, wie sein schwächstes Mitglied!

Um also die Zufriedenheit für Deine Kunden zu gewährleisten, solltest Du Dir besonders zu Beginn extra viel Zeit nehmen, die richtigen Leute zu finden. Eine Möglichkeit der Qualitätskontrolle im Vorfeld könnte zum Beispiel ein Skype-Interview sein, welches Du mit ihnen durchführst. Natürlich ist dies nur bei etwas größeren Aufträgen, ab etwa 30 € nötig.

Alternativ kannst Du sie natürlich auch über die Plattformen anschreiben und ein paar Fragen stellen. Dabei siehst Du direkt, wie rasch sie antworten, also wie pflichtbewusst und schnell sie sind. Darüber hinaus solltest Du Dir auch unbedingt die Kommentare von früheren Auftraggebern anschauen. Meistens kann man dort recht schnell erkennen, ob die Person tendenziell gute oder schlechte Arbeit abliefert.

Hast Du Dein effizientes Team einmal beisammen, dann brauchst Du den Rekrutierungsprozess nur noch für Spezialwünsche, die von Deinem Team nicht durchgeführt werden können. Deshalb macht es Sinn, wenn Du Dich bei Deinen Angeboten auf einen bestimmten Bereich spezialisierst. So musst Du nicht ständig neue Leute anheuern und bekommst ein Gefühl für die Wünsche und Prioritäten Deiner Klienten.

Wichtig ist, dass Du immer jemanden in der Hinterhand hast, falls ein Teammitglied gerade einmal aus den unterschiedlichsten Gründen nicht kann (Laptop kaputt, krank, etc.).

Ein guter Tipp ist ebenfalls, die Klienten, die Du hast, wenn möglich noch über das Projekt hinaus zu betreuen. Solltest Du wie im Beispiel Internetseiten machen, dann könntest Du einen Pauschalpreis dafür verlangen, dass Du nach jedem neuen Update von Wordpress die Version umstellst. Du könntest außerdem eine Art Abo anbieten und in regelmäßigen Abständen Blogartikel für sie veröffentlichen. Für jede dieser Dienstleistungen beauftragst Du natürlich wieder jemanden günstiger und überlegst Dir vorher, für wie viel Du diese Dienstleistung weiterverkaufen möchtest.

Für Blogartikel oder auch die Internetseite kannst Du Dich außerdem Stockportalen wie Pexels *https://www.pexels.com/* und Pixabay *https://pixabay.com/* bedienen, auf denen Du lizenzfreie Fotos herunterladen und benutzen kannst.

Weitere Ideen für Deinen neuen Koordinationsberuf sind: Kurzvideos, Erklärvideos, Übersetzungen, eBooks, Apps, E-Mail-Marketing, SEO, Corporate Design, T-Shirts und viele mehr. Schau Dich einfach mal auf fiverr und tennerr um und werde erfinderisch.

Trick 17: Schau Dich in Deiner Umgebung und Stadt um. Vielleicht kannst Du direkt persönlich bei einem Café, Kiosk, Restaurant, Bioladen oder Bekleidungsladen mit einem Tablet vorbeischauen und Deine Arbeit präsentieren. Gerade für kleinere Läden könntest Du als Web-Desginer eine kostengünstige Alternative zur Konkurrenz darstellen.

fiverr (EN)

Diese Plattform ist auf zwar auf Englisch, bietet aber eine regelrechte Fülle an Dienstleistungen und Mikrojobs. Die meisten Dienstleistungen fangen bei ca. 5 $ an. Meistens ist man über die Resultate überrascht, denn die Anbieter sind hochspezialisiert. Trotzdem gibt es teilweise enorme Qualitätsunterschiede, sodass Du Dir unbedingt die Kommentare von früheren Auftraggebern durchlesen musst. Von allen Plattformen ist fiverr die bekannteste und wohl auch die zuverlässigste.
https://www.fiverr.com/

tennerr (DE)

Das deutsche Pendant zu fiverr ist tennerr. Dort findest Du Mikrojobs in deutscher Sprache. Doch es gibt dort bei weitem nicht so viele Angebote wie auf fiverr. Trotzdem lohnt es sich, einen Blick hinein zu werden. Angebote beginnen ab ca. 10 €.
https://tennerr.de/

Weitere Portale, auf denen Du Mikrojobber anheuern kannst

- fourerr (EN): *https://www.fourerr.com/*
- zeerk (EN): *https://zeerk.com/*
- Gigbuck$ (EN): *http://gigbucks.com/*
- seoclerks (EN): *https://www.seoclerks.com/*
- tenrr (EN, FR, ES, PT, ISR): *http://www.tenrr.com/*
- fivesquid (EN): *https://www.fivesquid.com/*
- geniuzz (ES): *https://www.geniuzz.com/*
- ffiver (EN): *http://www.ffiver.com/*
- TaskArmy (EN): *https://taskarmy.com/*
- DoJobsOnline (EN): *http://www.dojobsonline.com/*
- Alle aus #1. Diese sind aber in der Regel teurer. Dort solltest Du lieber Deine eigenen Dienste anbieten.

#3 Werde Crowdtester: Teste Webseiten und Apps

Als Tester von Webseiten und Apps gibst Du wertvolles Feedback an Unternehmen. Mit Hilfe Deiner Informationen zu verschiedenen Prozessen und Abläufen können sie die Usability und das Kundenerlebnis stetig verbessern. Zwar mag es pro Portal nur ein limitiertes Kontingent an Angeboten geben, jedoch sollte man diese mitnehmen, da sie in der Regel gut bezahlt werden. Je schneller Du bist, desto höher ist dabei logischerweise auch Dein Stundenlohn.

Deine Fähigkeiten

Für diese Art von Aufgaben brauchst Du keine besonderen Fähigkeiten.

Der Ablauf

Nach der Anmeldung bei einem der unten genannten Portale musst Du meistens Dein Profil vervollständigen und ein paar Angaben zu Dir machen. Dazu gehört meistens Dein Geschlecht, Dein Alter, Dein Wohnort und so weiter, damit Du einer Zielgruppe zugeordnet werden kannst.

Meistens wird man allerdings erst dann angeschrieben, wenn ein Test durchgeführt wird und man in die Zielgruppe der Tester fällt. Also kann es hierbei schon sein, dass man ein paar Tage warten muss, bevor man eine Einladung, meistens per E-Mail, bekommt.

Die Tests selbst sind ähnlich aufgebaut. Wenn man Unstimmigkeiten entdeckt, sollte man unbedingt direkt einen Screenshot machen. Bei manchen Anbietern muss man sich auch eine Testsoftware herunterladen. Die Testdauer beträgt meistens ca. eine halbe Stunde. In der Regel hat man nur wenige Tage Zeit, die Tests durchzuführen.

Deine Strategie

Am besten Du meldest Dich direkt auf mehreren Portalen an, um Deine Chancen auf eine Zuteilung zu erhöhen. Manche Portale zahlen Dir sogar eine kleine Extra-Vergütung, wenn Du als erstes einen Fehler findest – hier ist es also klar von Vorteil, kurz nach E-Mail Eingang mit dem Test zu beginnen.

Selbstverständlich wird das nicht immer funktionieren. Aber das ist nicht schlimm, da Du ja selbst (bis zur Deadline) entscheiden kannst, zu welcher Uhrzeit und an welchem Tag Du den Test machen möchtest.
Wir empfehlen Dir die Tests nur als vervollständigende Einnahmequelle, da sie leider nicht planbar sind.

Plattformen:

- Testbirds (DE, EN, PL): *https://nest.testbirds.com/#tester*
- UserTesting (EN): *https://www.usertesting.com/be-a-user-tester*
- Test IO (DE, EN): *https://test.io/de/become-a-tester/*
- g!profit (DE): *http://www.gprofit.de/*
- rapidusertests (DE): *https://rapidusertests.com/tester/home*
- TestTailor (DE, EN): *https://www.testtailor.com/de/*
- passbrains (DE, EN): *https://platform.passbrains.com/de/register/member*
- Applause (DE, EN, ES, FR): *https://www.applause.com/de/*
- toluna (DE, weltweit): *https://de.toluna.com/*

#4 Werde Musik- und Modekritiker

Für Musikproduzenten, Künstler und Modedesigner ist es extrem wichtig, noch vor der Veröffentlichung von ihren Werken ein Feedback über die Qualität genau dieser zu erhalten. An der Stelle kommst Du ins Spiel: Du schaust beziehungsweise hörst sie Dir an und gibst eine möglichst ehrliche und kritische Bewertung ab.

Deine Fähigkeiten

Je besser Deine Kritiken sind, desto mehr verdienst Du auch. Du solltest Dich gut in der englischen Sprache ausdrücken können, da das Portal auf Englisch ist. Dazu gehört auch, möglichst keine Rechtschreibfehler zu machen. Darüber hinaus ist es mit Sicherheit hilfreich, schnell tippen zu können, da dies Deinen Zeitaufwand reduziert.

Der Ablauf

Nach der Anmeldung kannst Du Dich einloggen und loslegen. Du wählst eine Kategorie aus, die Du gerade bewerten möchtest. Handelt es sich um Musik, dann musst Du Dir die Stücke mindestens 90 Sekunden lang anhören, bevor Du eine Bewertung abgeben kannst. Bei Mode und anderen Dingen schaust Du Dir dagegen ein Bild an und liest die Artikelbeschreibung.

Deine Bewertung besteht schließlich aus einem von Dir verfassten Text und der Vergabe von bis zu 10 Sternen. Manchmal musst Du auch noch die eine oder andere Frage beantworten. Dann kannst Du schon den nächsten Song, Artikel usw. bewerten.

Auszahlungen kannst Du immer veranlassen, solange die Summe über 10 Dollar ist. Du brauchst dafür einen PayPal Account. Die E-Mail-Adresse des PayPal Accounts muss außerdem mit Deiner beim Portal registrierten E-Mail Adresse übereinstimmen.

Deine Strategie

Um nun das optimale Ergebnis aus dieser Geldquelle herauszubekommen, solltest Du Dir einmal zu Beginn Gedanken darüber machen, wie eine wirklich gute Rezension denn aussieht. Dazu gehört zum einen der erste Eindruck, zum anderen aber eben viele kleine Details. Je konkreter Du bist, desto eher kann der Künstler auch etwas mit Deinem Feedback anfangen.

Wenn Deine Kritiken gut sind, wirst Du heraufgestuft und dann verdienst Du pro Bewertung mehr Geld.

Grundsätzlich solltest Du bei der Beschreibung immer Deine Gefühle zum Ausdruck bringen, am besten mit vielen bzw. kräftigen Adjektiven. Am Anfang solltest Du dazu unbedingt einen Thesaurus (Synonymwörterbuch) benutzen, zum Beispiel dieses hier: *http://www.thesaurus.com/*

Es kann auch hilfreich sein, sich vorher ein paar Ausdrücke aufzuschreiben. So kannst Du bei den Bewertungen immer wieder auf die vorformulierten Ausdrücke zurückgreifen und diese dann in den entsprechenden Kontext bringen.

Da nun die Bewertungen auf Englisch erfolgen sollen, schreibst Du sie am besten in einem Programm, welches Dich automatisch korrigiert. Dazu kannst zum Beispiel Microsoft Word benutzen. Wir empfehlen Dir an dieser Stelle eine App bzw. Add-In namens Grammarly. Grammarly unterstreicht automatisch Wort- und Grammatikfehler während Du diese im Browser in einem Textfeld eingibst. Schon kannst Du sie schnell ausbessern.

slicethepie (EN)

Dieses Portal ist in seiner Form bisher einzigartig. Mit ein bisschen Übung kannst Du schnell ein paar gute Rezensionen schreiben und aufsteigen. Bald soll außerdem eine App von slicethepie herauskommen. Diese würde Dir erlauben, dass Du beim Busfahren, Schlange stehen und auch sonst überall wo Du Internet hast, die Werke bewerten und damit zusätzlich Geld verdienen kannst.

Wenn Du einen Freund oder Bekannten von slicethepie überzeugst und sich dieser über Deinen Link anmeldet, bekommst Du übrigens jedes Mal einen kleinen finanziellen Bonus, wenn dieser eine Bewertung durchführt – gar nicht so schlecht, oder? Hier ist unserer:
https://www.slicethepie.com/join/UA3AB033

#5 Erhalte Geld fürs Geldausgeben

Hierbei handelt es sich um sogenannte Cashback-Portale. Sie machen sich das Werbe-Budget der Firmen und ihr Affiliate-System zunutze. Normalerweise bekommt derjenige eine Provision ausgeschüttet, der einen zahlenden Neukunden wirbt oder ein guter Kunde im Rahmen eines Treuprogrammes ist. Diese Portale leiten die Vermittlungsgebühr, die ihnen die Firmen zahlen, an ihre Mitglieder weiter.

Deine Fähigkeiten

Du musst Dich lediglich einmal bei dem Cashback-Portal anmelden und Deine online Einkäufe ab sofort bei dem Cashback-Portal beginnen.

Der Ablauf

Sobald Du Deinen Account erstellt hast und eingeloggt bist, kannst Du genau sehen, welche Unternehmen beim Cashback mitmachen und wie viel man je Anbieter an Geld oder manchmal auch an Wertgutscheinen zurückbekommt.

Du kannst dabei ganz gezielt nach Deinen Lieblingsunternehmen suchen. Sobald Dir ein Cashback-Angebot gefällt, klickst Du lediglich auf den angegebenen Affiliate-Link im Cashback-Portal. Das System registriert dann automatisch, dass Du von der Cashback-Seite gekommen bist und ermittelt die Höhe des Einkaufwerts und des Cashbacks.

Sobald der Händler den Kauf bestätigt und die Vermittlungsprovision an das Cashback-Portal zahlt, wird diese auch auf Deinem Cashback-Konto gutgeschrieben.

Deine Strategie

Da man nur über einen Affiliate-Link gleichzeitig einkaufen kann, macht es kaum Sinn, sich bei sämtlichen Portalen auf einmal anzumelden. Am Ende des Tages ist dasjenige Portal am besten, welches Du auch benutzen wirst. Schaue Dir also in Ruhe die verschiedenen Cashback-Portale an und entscheide Dich für eins, welches Dir sympathisch ist.

Ein weiteres Auswahlkriterium sollte die Shopauswahl sein. Selbst wenn ein Portal vielleicht sehr viele Shops hat, Du aber in diesen lieber nicht einkaufen möchtest, dann ist ein Portal mit weniger, aber qualitativ hochwertigeren Shops definitiv besser. Aus dem Grund haben wir Dir auch ein paar der kleineren Cashback-Portale mit aufgeführt. Melde Dich ruhig bei ein paar verschiedenen Portalen an, die insgesamt die meisten Deiner Lieblingsshops abdecken.

Achtung: Verfalle trotz Cashback bitte nicht in einen Konsumrausch!

Interessante Cashback-Portale sind

- Preisheld (DE): *https://www.preisheld.de/*
- Shoop (DE): *https://www.shoop.de/*
- swagbucks (DE): *https://www.swagbucks.com/*
- link-o-mat (DE): *https://www.link-o-mat.com/*
- getmore (DE): *https://www.getmore.de/*
- igraal (DE): *https://de.igraal.com/*
- Andasda (DE): *https://www.andasa.de/*

- questler (DE): *https://www.questler.de/*
- tamola. (DE): *http://www.tamola.de/*
- cosma (DE): *https://www.cashee.de/*
- EuroClix (DE, FR, NL, BE): *https://www.euroclix.de/*
- primusportal (DE): *http://www.primusportal.de/*
- meinanteil (DE): *http://www.meinanteil.de/*
- yenomi (DE): *http://www.yenomi.de/*

#6 Werde Affiliate-Partner

Genau wie im vorherigen Kapitel nutzt Du die Vermittlungsprovision der Unternehmen. Der kleine Unterschied: Anstatt selber einkaufen zu müssen, erstellst Du Deine eigenen Affiliate-Links und überzeugst andere Personen davon, über Deine Links einzukaufen.

Deine Fähigkeiten

Du solltest ein „sozialer Mensch" sein, der gut vernetzt ist. Dein Erfolg hängt maßgeblich davon ab, wie viele Leute Du erreichen und zum Einkaufen überzeugen kannst.

Dabei musst Du natürlich nicht jeden einzeln anschreiben, sondern bedienst Dich an Social und Digital Media. Von Vorteil ist also definitiv, wenn Du bereits ein Publikum in irgendeiner Form hast. Dieses kann beispielsweise über Deine eigene Internetseite, Deine Facebook-Gruppe, Deinen Twitter- oder Instagram-Account, Deine E-Mail Liste etc. kommen. Wir benutzen beispielsweise die Sidebar unseres Blogs *www.finanzpreneur.com* um zusätzliche Affiliate-Einnahmen zu generieren. Zwar verdienen wir uns keine goldene Nase damit, allerdings ist es eine nette zusätzliche Einnahmequelle.

Der Ablauf

Du meldest Dich im ersten Schritt bei einem Anbieter für Affiliate-Programme an. Je nach Anbieter hast Du entweder eine riesige Auswahl an Produkten oder auch nur einige wenige, die Du weitervermarkten kannst. Entscheidend für die Auswahl Deines Affiliate-Partners sollte in erster

Linie sein, welche Zielgruppe Du bereits aufweist, beziehungsweise an welche Zielgruppe Du die Produkte weitervermarkten willst. Die Provision ist auch je nach Anbieter unterschiedlich und reicht von einem Fixum bis zu 100% der Einnahmen.

Der zweite Schritt besteht nun darin, Dein Publikum davon zu überzeugen, über Deinen Affiliate-Link bei Deinem Partner einzukaufen. Beachte hierbei vor allem, dass Du rechtlich auf der sicheren Seite bist, wenn Du solche Links als Affiliate-Links kennzeichnest. Hat ein Kunde schließlich über Deinen Link gekauft, bekommst Du die Provision meistens im Folgemonat auf Dein angegebenes Konto überwiesen.

Deine Strategie

Je nachdem, welchen sozialen oder digitalen Kanal Du benutzt, um Dein Publikum zu erreichen, ändert sich auch Deine Strategie leicht. Was aber jede davon gemeinsam hat, ist, dass Du dafür sorgen musst, dass Dich Dein Publikum mag. Nur so kannst Du gewährleisten, dass es auch über Deine Affiliate-Links einkauft. Die Alternative wäre aufdringliche Werbung, die keiner haben möchte.

Wie erreichst Du es also, dass Dein Publikum Dich mag? Du musst sie mit wertvollem und großartigem Inhalt an Dich binden. Hast Du einen Blog, dann veröffentliche hochwertige Artikel, die auf großes Interesse stoßen. Besitzt Du eine Facebook-Gruppe, geht es darum, das Publikum regelmäßig zu „bespaßen", passend natürlich zum Gruppeninhalt. Bei Instagram veröffentlichst Du originelle Fotos und bei YouTube überzeugst Du vor der Kamera mit Deiner Persönlichkeit.

Auf diese Weise etablierst Du Dir einen Expertenstatus für einen bestimmten Bereich und kannst dann bei Deinen Veröffentlichungen einen oder mehrere Affiliate-Links platzieren. Der riesen Vorteil ist, dass Du den Inhalt einmal erstellst, die Verlinkung aber theoretisch unendlich lange existiert und Dir hoffentlich lange Einnahmen beschert, ohne dass Du später noch aktiv etwas dafür tun müsstest – abgesehen davon dafür zu sorgen, dass Dich genug Leute finden natürlich. Je nach Besucherzahl (Traffic) und Kauflaune (Conversion) kann es richtig lange dauern, bis genug Leute auf Deine Links klicken.

So oder so solltest Du Dich mit Suchmaschinenoptimierung (Search Engine Optimization, kurz SEO) auseinandersetzen und diese auf Deinen sozialen oder digitalen Kanal abstimmen.

Mit etwas Glück kannst Du auch Deine Affiliate-Links profitabel per Direktwerbung (Google Ads, Facebook Ads, etc.) ausstrahlen. Dann kannst Du ganz gemütlich hochskalieren, indem Du das Budget hochsetzt.

Hier haben wir Dir eine Auswahl an Affiliate-Programm-Anbietern zusammengestellt. Während wir bisher nur Erfahrung mit einigen Wenigen gemacht haben, sind diese die Bekanntesten und Beliebtesten.

Melde Dich zunächst nur bei 1-3 Anbietern an und setze Dich mit ihren Affiliate-Programmen (viele von bekannten und renommierten Partnern) auseinander. Wenn Dir das Angebot gefällt, kannst Du Dich an die Eingliederung in Deine Veröffentlichungen machen. Nach den ersten Monaten entscheidest Du schließlich, ob Du noch weitere Anbieter dazu nimmst oder nicht. Das Kriterium sollte sein, dass Du Deine Folgschaft nicht mit Werbung zumüllst, sondern ein gezieltes Angebot offerierst, welches zu Deiner Veröffentlichung passt. Eine gute Vorgehensweise ist es auch, sich zunächst passende Produkte herauszusuchen und im Anschluss nach Affiliate-Möglichkeiten dafür ausschau zu halten.

amazonPartnerNet (DE, EN, FR, JPN, CHN, IT, ES, PT, IND)

Verdiene bis zu 10% Kommission für eine Fülle von Produkten. Das besondere bei dem Programm von Amazon ist, dass man auch eine Provision für diejenigen Produkte bekommt, für die man gar nicht geworben hat. Sobald der Besucher einmal auf Deinen Link geklickt hat, wird ein Cookie gesetzt. Dieser ist dann 24 Stunden gültig oder solange, bis er durch ein neues Cookie von jemand anderem überschrieben wird. Für alle Käufe, die ein Kunde innerhalb dieser Zeit über Amazon tätigt, wird Dir die entsprechende Provision angerechnet.

https://partnernet.amazon.de/

Weitere Affiliate-Portale

- affilinet (DE, NL, ES, FR, EN): *https://www.affili.net/de/publisher*
- check24 (DE)*: *https://a.check24.net/misc/click.php?pid=98458&aid=18*
- digistore24 (DE, EN): *https://www.digistore24.com/de/affiliates*
- Awin (DE, Europa): *https://www.awin.com/de*
- ADCell (DE): *https://www.adcell.de/*
- TradeTracker (DE, Europa): *https://tradetracker.com/publishers/*
- Matomy (weltweit): *http://www.matomy.com/publisher-registration/*
- webgains (weltweit): *http://www.webgains.de/public/publisher/*
- daisycon (Europa): *https://www.daisycon.com/de/publisher/*
- SuperClix (DE): *https://www.superclix.de/*
- belboon (DE, EN, FR, ES): *https://www.belboon.com/de/partnerprogramme/*
- finanzen.de (DE): *http://www.finanzen.de/partnerprogramm*
- financeADs (Europa): *https://www.financeads.net/publisher/*
- SeedingUp (Europa): *https://www.seedingup.de/publisher/*
- FQ finance quality (DE): *https://www.financequality.net/fuer-publisher/*
- googleAdSense (weltweit): *https://www.google.de/adsense/start/*
- aklamio (DE, ES, FR, IT, EN): *https://www.aklamio.com/*

#7 Verkaufe gebrauchte Gegenstände

Wahrscheinlich ist dies der offensichtlichste Weg, Geld im Internet zu verdienen. Du verkaufst Deine alten CDs, DVDs, Spiele und sonstige Dinge, die Du nicht mehr brauchst und die bei Dir nur Staub fangen.

Deine Fähigkeiten

Du solltest in der Lage sein, digitale Fotos von den Dingen zu schießen, die Du verkaufen möchtest. Darüber hinaus ist es hilfreich, wenn Du schnell tippen kannst (Produktbeschreibung) und bereits ein wenig Erfahrung beim Verpacken und Versenden von Gegenständen hast.

Der Ablauf

Im ersten Schritt sondierst Du diejenigen Dinge in Deinem Haushalt aus, die Du gerne verkaufen möchtest. Bei der Gelegenheit kannst Du gleich alte Sachen wegschmeißen, von denen Du denkst, dass Du kein Geld mehr dafür bekommst und die Du auch nicht mehr (wirklich) benutzt.

Behalte beim Sondieren im Hinterkopf, dass in der Regel nur Dinge gekauft werden, die auch noch funktionieren und nur kleinere „Macken" haben. Solltest Du allerdings etwas teuer gekauft haben, das nicht mehr funktioniert, dann kannst Du versuchen, es mit dem Hinweis „defekt" oder „für Bastler" weiterzuverkaufen. Das könnte zum Beispiel eine Espressomaschine oder ein Kühlschrank sein.

Im zweiten Schritt machst Du nach Möglichkeit schöne Fotos von den Verkaufsobjekten und lädst diese dann auf die Verkaufsplattform hoch. Hinzu kommen Deine Artikelbeschreibung und der Angebotspreis. Bei der Beschreibung solltest Du unbedingt wahrheitsgemäß über den Zustand des Artikels Auskunft geben. Lege fest, ob der Artikel für Selbstabholer gedacht ist oder ob Du diesen versenden wirst und falls ja, wie teuer der Versand sein wird. Überlege Dir außerdem, ob Du den Verkaufspreis als Verhandlungsbasis anbieten möchtest, als Auktion oder als Festpreis.

Nachdem Du alle notwendigen Daten angegeben hast, läuft Dein Angebot. Wird der Artikel von jemandem gekauft, dann bekommt, je nach Plattform, diese eine Verkaufsprovision vom Verkaufspreis. Anschließend musst Du den Artikel, so wie Du es angegeben hast, an den Käufer verschicken.

Deine Strategie

Zwar kannst Du je nach CD oder DVD zwar zehn oder zwanzig Euro dazuverdienen, doch mache Dir bewusst, dass Dein Zeitaufwand dagegensteht. Wichtig ist also, dass Du so schnell wie möglich arbeitest.

Um dies zu erreichen, solltest Du Dir einen Tag auswählen, an dem Du sämtliche Artikel abfotografierst, hochlädst und beschreibst. Sinnvollerweise machst Du es an einem Tag, an dem Du eh nicht arbeiten würdest, vielleicht an einem Samstag oder Sonntag. Gucke vorher auf die Uhr und mache Dir schnell einen kleinen Zeitplan mit Deinen Etappenzielen.

Hinterher kommt dann noch der Zeitaufwand für den Versand hinzu. Falls Du Deine Artikel als Auktion eingestellt hast und merkst, dass Du diesen nicht zum angegebenen Preis verkaufen möchtest, dann kannst Du einen Freund darum bitten, den Artikel für Dich zu ersteigern oder durch sein Mitbieten den Preis hochzuziehen.

Merkst Du, dass Du recht gut im Verkaufen bist, dann solltest Du Dir überlegen, ob Du nicht Deinen Freunden und Bekannten anbieten möchtest, auch Ihre Artikel gegen Provision zu verkaufen. Viele Leute sind froh, wenn Du Ihnen dabei hilfst, etwas Platz zu schaffen. Einige Portale haben auch bereits eine App. So kann man die Fotos direkt problemlos mit dem Handy oder Tablet hochladen.

eBay Kleinanzeigen (DE, weltweit)

Gerade für private Verkäufe ist eBay Kleinanzeigen gedacht, so dass man keine Angebotsgebühr für 50 angebotenen Artikeln innerhalb von 30 Tagen bezahlen muss. Der Fokus liegt hier vor allem auf lokalen Anzeigen für Deine Stadt.

https://www.ebay-kleinanzeigen.de/

eBay (DE, weltweit)

Hier ändert sich das Preismodell gerne öfters mal. Grundsätzlich kann man aber auch als privater Verkäufer erst einmal kostenlose Angebote hochladen. Ausgeschlossen davon sind bestimmte Kategorien. Beim Einstellen wählt man zwischen Auktion, und Festpreis.

http://www.ebay.de/

Bonavendi (DE)

Hier findest Du einen Vergleich von aktuellen Marktpreisen für verschiedene Portale. Damit kannst Du entweder die Entscheidung treffen, WO Du Deine Artikel verkaufen möchtest oder herausfinden, WIE VIEL diese aktuell wert sind. Momentan kann man nach Büchern, CDs, DVDs, Videospielen, Handys und Tablets suchen.

https://www.bonavendi.de/verkaufen/gebraucht.html

zoxs.de (DE)

Hier kann man seine gebrauchten Artikel direkt an zoxs.de zu einem Festpreis verkaufen, ohne dass man erst warten muss, bis ein Käufer den Artikel gekauft hat. Auch Lego, Duplo, Playmobil, Action-Figuren, Kameras, PC-Software, MP3-Player, eBook Reader, Tablets und Laptops gehören neben den üblichen Artikeln dazu. Das hat natürlich den riesen Vorteil, dass man sich Zeit und Mühe spart.

https://www.zoxs.de/index.html

reBuy (DE)

Genau wie zoxs.de ist reBuy ein Recommerce-Anbieter, bei dem man seine gebrauchten Artikel direkt an reBuy verkauft. Das Besondere bei reBuy: Ab 10 € Warenwert bekommt man bereits einen kostenloses Frankierschein für DHL oder Hermes.

https://www.rebuy.de/verkaufen/

forxo (DE)

Recommerce-Anbieter für Kleidung. Man gibt Marke, Menge und Qualität an und erhält ab 10 kg Gewicht sogar ein kostenloses Paketlabel.

https://www.forxo.de/de/

werzahltmehr.de (DE)

Ein Vergleichsportal, um herauszufinden, welcher Recommerce-Anbieter mehr für einen bestimmten Artikel bezahlt.

http://www.werzahltmehr.de/

Amazon Marketplace (DE, weltweit)

Bei Amazon kann man seine gebrauchten Artikel als Privatperson kostenlos anbieten. Wird gekauft, fällt eine Verkaufsprovision an.

https://www.amazon.de/gp/seller/sell-your-stuff.html/

Weitere Anbieter

- markt.de (DE): *http://www.markt.de/*
- kalaydo.de (DE): *https://www.kalaydo.de/anzeigen/anzeige_aufgeben/*
- momox (DE): *https://www.momox.de/*

#8 Multi-Level-Marketing

Beim Multi-Level-Marketing (MLM), auch Netzwerk Marketing genannt, geht es neben dem Verkauf von Produkten auf Provision zusätzlich um die Akquise von Vertriebspartnern. Man erhält dann eine Provision für jedes verkaufte Produkt, welches ein geworbener Vertriebspartner verkauft.

Hinzu kommt meistens eine weitere Provision auf alle Verkäufe, die ein von Deinem geworbenen Vertriebspartner geworbener Vertriebspartner verkauft. Nach einigen Jahren harter Arbeit kann man sich dadurch ein schönes passives Einkommen aufbauen.

Dabei wird das MLM von vielen Menschen durchaus kritisch gesehen: Man rekrutiert seine eigene Konkurrenz, die Produkte sind teilweise stark überteuert und die Grenze zwischen Privat- und Geschäftsleben verschwimmt zunehmend. Darüber hinaus ist Vorsicht vor unseriösen Anbietern geboten ! Außerdem findet man immer wieder negative Erfahrungsberichte die darauf hinweisen, dass gerade in den unteren Levels überhaupt nicht gut verdient wird.

Im Rahmen dieses Buches möchten wir Dir diese potentielle Einkommensquelle zwar nicht vorenthalten, weisen Dich aber ausdrücklich darauf hin, dass wir sie zumindest für fragwürdig halten. Ich, Jens, habe MLM vor Jahren und lediglich für einen Monat in Australien ausprobiert und konnte meine Ausgaben damit bei weitem nicht decken. Trotzdem habe ich dabei wertvolle Erfahrungen gesammelt und es hat auch Spaß gemacht, da alle an einem Strang gezogen haben und jeder seine Spezialfälle und auch seine Tricks großzügig geteilt hat.

In Mexiko-Stadt wiederum habe ich ein ganz anderes Bild während meiner Zeit bei Jafra, Tochter von Vorwerk, gewonnen. Jafra setzt ebenfalls auf den Direktvertrieb - allerdings deutlich seriöser und professioneller! Am Ende des Tages kommt es auf das Unternehmen an, für welches Du Dich einsetzt.

Deine Fähigkeiten

Als „Vertriebler“ solltest Du redegewandt sein und Spaß daran haben, Kontakt mit anderen Menschen aufzunehmen und aufrecht zu erhalten. Schließlich besteht Deine Aufgabe darin, andere Menschen von Deinen Produkten und von der Eingliederung in Dein Team zu überzeugen.

Weiterhin solltest Du grundsätzlich auch gut mit anderen Menschen umgehen können, selbstsicher sein und gut motivieren können. Darüber hinaus ist starke Eigeninitiative gefragt.

Eventuell muss man auch einen niedrigen dreistelligen Eurobetrag selbst investieren. Das ist allerdings wenig im Vergleich zum Franchising, bei dem locker noch zwei oder drei Nullen drangehängt werden können. Je nach Unternehmen bezahlt man sein eigenes Werbematerial, Produktproben, Produkttrainings, Verkaufsseminare und ähnliches.

Es ist extrem wichtig, dass Du vor der Aufnahme dieser Tätigkeit und vor der Investition von eigenem Geld eine vernünftige Kosten-Nutzen-Kalkulation durchführst sowie Deine potentiellen Einnahmen berechnest.

Der Ablauf

Im ersten Schritt musst Du Dich für ein Unternehmen, welches ein MLM-Netzwerk anbietet, entscheiden. Dieser Schritt sollte sehr gut überlegt sein, weil sich Dein gebrachter Arbeitseinsatz in Luft auflösen könnte, falls Du Dich hinterher dafür entscheidest, aus dem Unternehmen wieder auszutreten, dieses größere Schwierigkeiten hat oder gar Insolvenz anmelden muss. Dann bräche mit einem Schlag Dein bis dahin aufgebauter passiver Einkommensstrom weg.

Nimm Dir also für diesen Schritt ruhig viel Zeit und lese Dir die Vertragsbedingungen und Provisionsmodelle der unterschiedlichen Unternehmen ganz genau durch. Achte vor allem darauf, dass das Unternehmen und seine Geschäftspraktiken transparent und seriös sind und Du ethisch dahinterstehen kannst. Frage nach Möglichkeit Personen, die bereits für das Unternehmen arbeiten. Leider gibt es in dem Bereich auch unseriöse

Unternehmen mit Geschäftsmodellen, die letztlich nur dem Initiator am oberen Ende der Struktur nützen.

Hast Du Dich einmal für ein Unternehmen entschieden, dann bekommst Du in der Regel gerade zu Beginn gute Hilfestellung von Seiten des Unternehmens. Wahrscheinlich hast Du dann auch schon jemanden „über Dir“, der für Dich verantwortlich ist und auch eine Provision für Deine Verkäufe bekommt. Es ist also in seinem ureigenen Interesse, Dich so gut wie möglich auszubilden, damit er hinterher selber so viel wie möglich passiv durch Dich mitverdient.

Es ist dabei nicht unüblich, dass Du für die zu verkaufenden Produkte in Vorleistung gehen musst. Meistens gibt es aber eine Art Starterpaket, welches die meistverkauften Produkte enthält und daher „besonders leicht“ ist.

Im nächsten Schritt geht es darum, diese Produkte und weitere an den Mann zu bringen. Dafür musst Du Deine persönlichen Kontakte aktivieren und auch das Internet bietet tolle Möglichkeiten, schnell mit anderen Menschen zu kommunizieren und Deine Angebote anzupreisen.

Kennst Du Dich nach einiger Zeit mit dem Produktkatalog der Firma aus und hast Erfahrung im Vertrieb dieser Produkte gesammelt, dann kannst Du beginnen, neue Vertriebspartner zu akquirieren. Dazu musst Du natürlich sämtliche Fragen zum Provisionsmodell, zur Firma und ihren Produkten beantworten können.

Viele Menschen kommen im Hinblick auf neue Vertriebspartner allerdings nicht über den eigenen Bekanntenkreis, „Family & Friends“, hinaus. Von daher ist es unheimlich wichtig, dass Du Dich frühzeitig mit einer Akquisestrategie auseinandersetzt. Nur so kannst Du gewährleisten, dass Du Dir tatsächlich ein passives Einkommen aufbaust.

Hierbei ist es extrem wichtig, dass Du die neuen potentiellen Vertriebspartner gut motivieren kannst, selber viel Geld verdienen und neue Vertriebspartner akquirieren zu wollen.

Sich das eigene Vertriebsnetz aufzubauen, verlangt mehrere Jahre harter Arbeit von Deiner Seite. Wenn man sich ordentlich ins Zeug legt, kann man aber „bereits“ nach 5-6 Jahren ein stattliches Einkommen verdienen - passiv wohl gemerkt!

Deine Strategie

Zunächst solltest Du entscheiden, ob Du MLM Vollzeit oder Teilzeit arbeiten möchtest. Eine gute Strategie könnte es sein, dies erst einmal im Nebenerwerb zu tun, um zu sehen, ob es etwas für einen ist.

Dadurch, dass Du sehr stark von einem Unternehmen und seinen Produkten abhängst, solltest Du Dich ethisch mit diesen identifizieren können. Darüber hinaus kann es durchaus sinnvoll sein, MLM mit 2-3 Unternehmen gleichzeitig zu betreiben. Unterm Strich vergrößert sich dadurch Dein Produktkatalog. Dennoch solltest Du Dir bei Vertragsabschluss das Kleingedruckte ganz genau durchlesen, denn manche Unternehmen verbieten es, gleichzeitig für weitere Unternehmen als „Networker" tätig zu sein.

Mache nach Einsicht der Unterlagen unbedingt eine Kalkulation darüber, wie viele Produkte Du verkaufen musst, damit sich diese Tätigkeit für Dich lohnt. Ist dies von Deiner Seite her überhaupt realistisch zu erreichen? Lohnt sich der Zeitaufwand, wenn Du es nur Teilzeit machst, beziehungsweise stimmt Dein Stundenlohn? Gibt es eventuell weitere Bedingungen, die Du erfüllen musst, damit Dir Deine Provision auch ausgezahlt wird? Frage auch, wenn Du kannst, einen langjährigen Mitarbeiter, ob es in der Vergangenheit Provisionsanpassungen gab und falls ja, in welche Richtung diese vorgenommen wurden. Viele neugegründete MLM Unternehmen scheitern. Daher solltest Du eins auswählen, welches zumindest seit 5 Jahren erfolgreich am Markt besteht.

Darüber hinaus solltest Du Dich vor Vertragsschluss mit den Produkten und Deinem Verkaufspreis für diese auseinandersetzen. Es kann nämlich vorkommen, dass alternative oder gleiche Produkte bei eBay oder Amazon günstiger gefunden werden können – was sich in einer Deiner Verkaufsveranstaltung als äußerst peinlich für Dich herausstellen könnte. Deswegen ist es umso wichtiger, sich für ein seriöses Unternehmen zu entscheiden und durch vorheriges Research die schwarzen Schafe der Branche zu meiden.

Hast Du Dich jedoch erfolgreich für ein MLM-Unternehmen entschieden, kannst Du Dich voll und ganz auf den Ausbau Deines Vertriebsnetzes stürzen. Dabei solltest Du unbedingt die Möglichkeit nutzen, neue Vertriebspartner über das Internet zu akquirieren. Viele der „Alteingesessenen" scheinen die Interessensgewinnung über das Internet zu ignorieren oder zumindest nicht als ernst genug einzustufen. Das wiederum bietet Dir ein riesiges Potential über Landing Pages, E-Mail Listen und platzierter Werbung eine Menge an Vertriebspartnern automatisch zu gewinnen, die dann alle für Dich Geld generieren.

Weitere Informationen

Gründerlexikon (DE)
Hier findest Du eine Liste mit deutschen Unternehmen, die mit MLM arbeiten, samt Branche und Verlinkung. Dies sollte Deine erste Anlaufstelle sein, um Dich über die verschiedenen Programme und Unternehmen zu informieren.
http://bit.ly/2r68BUx

mlm-worldwide (DE)
Hier findest Du eine weitere Liste mit deutschen MLM Unternehmen.
https://goo.gl/AkNyB6

#9 Werde Blogger

Als Blogger betreibst Du eine Blogseite im Internet, die ein Spezialthema behandelt. Du beschäftigst Dich mit einem spannenden Thema und publizierst regelmäßig Beiträge und Neuigkeiten dazu. Nicht nur bildest Du Dich dadurch über dieses Thema selbst weiter und wirst zum Experten auf diesem Gebiet, sondern Du verdienst dabei auch noch Geld.

Deine Fähigkeiten

Selbstverständlich solltest Du Spaß am Schreiben und veröffentlichen von Beiträgen haben. Darüber hinaus ist es ausgesprochen hilfreich, wenn Du gut und interessant Schreiben kannst.

Weitergehend sollte es Dir Spaß machen, mit anderen Leuten in Kontakt zu treten und Kooperationen mit Ihnen einzugehen.

Zuletzt sollte Dir noch klar sein, dass Du hier zeitlich und dadurch zwangsläufig auch finanziell, in Vorleistung treten musst, bis Dein Blog genug Geld abwirft. Das kann durchaus und je nachdem, wie ernst Du die ganze Sache betreibst, mehrere Jahre in Anspruch nehmen. Der Investitionsaufwand hält sich dabei jedoch in Grenzen.

Der Ablauf

Die Tätigkeit als Blogger eignet sich hervorragend, um nebenbei zu beginnen. Du brauchst natürlich ein Thema, welches Dich fasziniert und für das Du gerne bereit bist, Zeit aufzuwenden. Somit wäre es, per Definition, auch nie verschwendete Zeit, die Du dafür verbringst.

Hast Du ein Thema, dann geht es darum, Deinen Blog aufzubauen. Natürlich kannst Du alles selber machen. Doch wir empfehlen Dir aus eigener Erfahrung, die technischen Feinheiten auf Freelancer Portalen auszulagern. Somit kannst Du Dich hauptsächlich auf das Schreiben und Veröffentlichen konzentrieren.

Abgesehen davon, dass Du nun regelmäßig Blogartikel veröffentlichst, musst Du sicherstellen, dass genügend Leute auf Deinen Blog kommen. Dies kannst Du zum Beispiel mit Backlinks auf anderen Seiten und Kooperationen mit anderen Bloggern erreichen. Natürlich kannst Du auch Werbung schalten, doch meistens ist das Werbebudget gerade in der Anfangsphase gering. Darüber hinaus solltest Du Dich unbedingt mit Suchmaschinenoptimierung (SEO) auseinandersetzen, damit Dein Blog mit bestimmten Schlüsselwörtern bei Google gefunden wird.

Im besten Fall schreibst Du Deine Artikel schon mit Deinen SEO-Erkenntnissen im Hinterkopf, sodass diese „keyword optimiert" sind. Auch sollten Deine Beiträge mindestens ein Foto beinhalten, welches Du kostenlos entweder aus Deiner eigenen Bibliothek oder von Portalen mit lizenzfreien Fotos bekommst. Die Alternative wäre natürlich, Geld dafür auszugeben. Doch ist den meisten Bloggern, gerade wenn sie ihren Blog im Nebenverdienst betreiben, daran gelegen, die Ausgaben möglichst gering zu halten.

Je mehr Besucher Du hast, desto interessanter wird Deine Seite auch für professionelle Marktteilnehmer und Firmen. Im besten Fall kommen diese auf Dich zu und bieten Dir Geld dafür an, dass sie einen Artikel mit einem Backlink zu ihrer Seite auf Deinem Blog veröffentlichen dürfen. Der

Preis für einen solchen Artikel fängt im unteren zweistelligen Bereich an und steigt mit der Beliebtheit Deiner Seite bis zu mehreren hundert Euro.

Wenn Du genügend Besucher hast, wird es Zeit, Deinen Blog auch anderweitig zu monetarisieren. Am besten Du setzt Dir selbst diese Grenze in Form von einer Besucherzahl, die Du zum Beispiel mit Google Analytics beobachten kannst. Wichtig ist, dass Du die Besucher auf Deinem Blog nicht gleich wieder mit extremer Werbung vergraulst.

Für die Monetarisierung Deines Blogs gibt es zahlreiche Möglichkeiten, mit denen Du Dich gut auseinandersetzen solltest. Je nachdem, wer und wie alt Dein Zielpublikum ist, eignet sich vielleicht die eine oder andere Form. Zu den Monetarisierungsmöglichkeiten zählt das Anpreisen von Affiliate-Produkten, die Einbindung von Werbebannern, Textlinks und Backlinks in Deinen Beiträgen, das Öffnen von Pop-Ups und die Erstellung von Gewinnspielen und Ähnlichem, mit denen Du für die Produkte einer Firma wirbst.

Deine Strategie

Da es eine gewisse Zeit braucht, bis man genügend Inhalt (Content) auf seinem Blog hat, dieser gefunden wird und man damit auch den gewünschten Besucherstrom verzeichnen kann, empfehlen wir Dir die Tätigkeit als Blogger wirklich erst einmal als Nebentätigkeit auszuführen. Auch die Monetarisierung kann sich als zäh herausstellen und unter Umständen dauert es wirklich Jahre, bis Du ein nennenswertes passives Einkommen damit aufgebaut hast.

Selbstverständlich kannst Du diesen Zeitraum aber auch durch Deinen eigenen Zeiteinsatz und das Investieren von Geld verkürzen. Kannst Du auf das Geld einer alternativen Arbeit verzichten, wäre zu überlegen, ob Du nicht doch Vollzeitblogger werden willst.

Besonders wichtig ist, dass Du Dich stetig weiterbildest und Dich in der Bloggerszene auf dem Laufenden hältst. Lies ruhig ein paar Bücher zu dem Thema Blog und schaue Dir bekannte Blogs an und gucke Dir die Dinge ab, die Dir daran gefallen. Außerdem solltest Du mehreren, blogrelevanten Facebook-Gruppen beitreten, um Dich auf dem Laufenden zu halten.

Da Du letztlich auf Deine Besucher angewiesen bist, solltest Du sie so stark wie möglich an Dich binden. Biete ihnen unbedingt die Möglichkeit, sich für Deinen Newsletter einzutragen, auch wenn Du vielleicht nur ein Mal pro Monat einen solchen verschickst oder auch nur planst, irgendwann mal einen zu verschicken.

Das hat den Vorteil, dass die Besucher nicht gleich „verloren" sind. Außerdem sind die Leute, die sich für den Newsletter eintragen, genau Deine Zielgruppe. Dadurch hast Du die Möglichkeit, ihnen regelmäßig eine E-Mail zuzuschicken und auf Deine neuen Artikel hinzuweisen, Zusatzinfos und -material zu überreichen und beispielsweise Affiliate-Werbung zu platzieren, bei der Du Dich für ein Produkt stark machst.

Außerdem macht Dich Deine eigene E-Mail Liste von Google und weiteren potentiellen Schocks unabhängig. Solltest Du einmal nicht mehr gefunden werden oder Dein Blog komplett crashen, dann kannst Du immer noch E-Mails an Deine Liste verschicken.

Am besten köderst Du Deine Blogbesucher auf einer sogenannten Landing Page mit einem kostenlosen, von Dir erstellten, digitalen Produkt. Dieses bekommen sie zugeschickt, wenn sie sich für Deinen Newsletter eintragen. Das verursacht für Dich keine wirklichen Kosten und Du hast ab sofort ihre E-Mail-Adresse.

Zuletzt möchten wir Dir noch ans Herz legen, möglichst viele Kooperationen mit anderen Bloggern einzugehen. Abgesehen von dem wertvollen Meinungsaustausch, kann man sich gut gegenseitig beflügeln - eine Win-Win-Situation.

Finanzpreneur (DE)

Dieser Link ist in eigener Sache: Der Finanzblog der Autoren.
https://www.finanzpreneur.com/

ithelps (DE)

Top Blogger in Deutschland, Österreich und der Schweiz.
https://goo.gl/EvvTs7

ithelps (DE)

Hier findest Du 9 interessante Facebook-Gruppen für Blogger.

https://goo.gl/4iMmpa

pinkbiz (DE)

Eine interessante Blogseite von einer Bloggerin für Bloggerinnen. Hier findest Du eine Liste mit tollen Tools, die Deinen Blog mit Sicherheit weiterbringen.

http://pinkbiz.de/blog/tools-fuer-blogger/

WP Ninjas (DE)

Ein Blogger zeigt anderen Bloggern, wie sie Wordpress für sich nutzen. Wordpress können wir für Blogger auch sehr empfehlen. Hier findest Du zudem eine Liste mit kostenlosen Tools für Blogger.

https://goo.gl/o40cwT

conterest.de (DE)

Ein Blog für Blogger mit einer Aufstellung von wichtigen und nützlichen Tools für Dich als Blogger.

https://goo.gl/X6lRTO

cash4webmaster (DE)

Hier findest Du verschiedene Möglichkeiten, Deine Blogseite zu monetarisieren.

https://goo.gl/9FYm6X

Selbstständig im Netz (DE)

So viel kann man mit seinem Blog verdienen.

https://goo.gl/KXwZZH

#10 Werde Vlogger

Das sogenannte „Vlogging" ist ein Wortspiel und beschreibt einen Video-Blogger. Statt Artikel zu schreiben, veröffentlichst Du regelmäßig

Videos und wirst an den Werbeeinnahmen beteiligt. Darüber hinaus bietet Dir das Vlogging die Möglichkeit, selber offene oder versteckte Werbung in Deinen Videos zu platzieren und eine Gefolgschaft aufzubauen.

Deine Fähigkeiten

Als Vlogger solltest Du eine gewisse Extrovertiertheit und Ausstrahlung besitzen. Du musst in der Lage sein, Dein Publikum zu fesseln. Dafür ist es wichtig, dass Du mit Deiner Person überzeugst. Die Leute lieben Dich für den, der Du bist. Allerdings wird es zwangsläufig auch Menschen geben, die nicht mit Deiner Art klarkommen. Stelle Dich von daher von vornherein auch auf negative Kommentare ein. Von ihnen solltest Du Dich nicht abbringen oder herunterziehen lassen.

Darüber hinaus kann es nicht schaden, wenn Du gut vernetzt bist. Zum einen, um Deinen Kanal zu vermarkten und zum anderen, um interessante Leute in Deine „Show“ zu holen. Es ist auch von Vorteil, wenn Du Dich gewählt ausdrücken, gute Interviews führen oder sehr witzig sein kannst.

Der Ablauf

Zunächst musst Du Dir natürlich überlegen, worüber Du in Deinem Kanal sprechen möchtest. Damit steckst Du gleichzeitig auch Deine Zielgruppe ab, die Du einmal genau definieren solltest. Hast Du Dich für einen Themenbereich entschieden, dann geht es an die Vorbereitung. Dabei machst Du Dir Gedanken über Hintergrund, Auftreten, Wiedererkennungswert etc. machst. Im Hinterkopf solltest Du dabei immer Deine Zielgruppe und den roten Faden Deiner Thematik haben.

Diese Vorarbeit ist vielleicht lästig, trotzdem solltest Du Dir dafür genügend (!) Zeit nehmen. Natürlich auch keine Monate, denn es ist überhaupt wichtig, erst einmal zu beginnen und seine Videos auszustrahlen. In der Regel wirst Du Deine Videos über YouTube veröffentlichen. Dort ist es genauso wichtig wie bei Google, dass man gefunden wird. Je früher Du anfängst, desto früher und öfter kannst Du gefunden werden.

Wenn alles eingerichtet ist, kannst Du Dich daran machen, Deine Videos aufzunehmen und hochzuladen. Das Ah und Oh ist hierbei ein interessanter Inhalt, der die Zuschauer dazu animiert, weitere Videos von Dir anzuklicken. Achte vor allem auch darauf, dass der Titel und das Titelbild Deiner Videos SEO-optimiert und ansprechend sind.

Mit jedem weiteren Video, welches Du hochlädst, solltest Du Dir auch Gedanken über Dein Marketing machen. Wie bekommst Du noch mehr Besucher für Deine Videos? Versuche Deine Videos auf eigenen oder fremden Blogseiten und E-Mail-Listen unterzubringen. Mit jeder weiteren Verlinkung schaffst Du eine neue Besucherquelle für Deine Videos und auch YouTube wird dies bemerken und positiv bewerten.

Deine Strategie

Als erstes sollte Dir klar sein, dass Du Dich bei Google AdSense anmelden musst, damit Du von den Werbeeinnahmen aus YouTube mitverdienen kannst. Nach der Anmeldung bei AdSense dauert es dann noch ca. 1 Woche, bis Du freigeschaltet bist. Anschließend musst Du die Monetarisierung in YouTube noch aktivieren, damit Du teilhaben kannst. Eine weitere Voraussetzung ist, dass Du mindestens schon 1 Video dort hochgeladen hast.

Bei der Überlegung Deiner grundsätzlichen Themenwahl solltest Du unbedingt auch ein bisschen Research betreiben und Dir anschauen, was es schon so in YouTube gibt und welche Videos bei welchen Schlüsselwörtern gefunden werden. Dabei musst Du das Rad nicht neu erfinden, sondern es reicht vollkommen aus, dass Du ein Thema besser oder Deiner Zielgruppe gerechter aufbereitest.

Fundamental für den Erfolg Deiner Videos ist Deine eigene Persönlichkeit. Versuche Deinen eigenen Charakter überspitzt schriftlich zu beschreiben. Gehe ruhig ins Extreme und überlege Dir genau, wie Du in bestimmten Situationen reagieren würdest. Das hilft Dir dabei, konstant Du selbst zu bleiben. Bist Du eher der seriöse Typ oder machst Du Dich am laufenden Band über jemanden lustig? Willst Du ein trockenes Thema mit Witz herüber bringen oder vielleicht ein lockeres Thema stringent und logisch analysieren? Der Fantasie sind keine Grenzen gesetzt.

Achte bei Deinen Videos unbedingt darauf, dass Du sie untereinander miteinander verlinkst. Zum Beispiel könntest Du etwas sagen, wie: „Zu der Thematik habe ich schon einmal ein Video gedreht.“ Und blendest dann den Link zu Deinem Video ein.

Überlege Dir für jedes Video genau, was behandeln willst. Willst Du den Menschen helfen und Dein Wissen übermitteln? Dann überlege Dir vor der Videoerstellung, welches Problem Deine Zielgruppe hat und wie genau Deine Lösung dafür aussieht. So wirst Du dann auch bei YouTube gefunden, wenn die Leute ihre Probleme oder die Lösungen dafür suchen.

Eine Alternative wäre, dass Du einfach Videos drehst und „trollst". Das bedeutet, dass Du über Gott und die Welt redest und man schaltet Dich ein, weil Du eine interessante und lustige Persönlichkeit hast. Jede Folge ist dabei anders. Mal machst Du das eine, mal das andere. Hier geht es nicht darum, ein Problem zu lösen, sondern, wie bei einer Serie, die Leute neugierig zu machen, wie es denn weitergeht.

Was wir Dir definitiv empfehle, ist, dass Du Deinen Zuschauern in der Videobeschreibung und in den Videos selbst die Möglichkeit gibst, sich für Deinen Newsletter einzutragen. Du könntest auf eine Landing Page verlinken, auf der sich die Leute dafür eintragen können. Dadurch, dass sie Dir ihre E-Mail-Adressen geben, kannst Du Dein Publikum immer erreichen. Das ist zum einen viel nachhaltiger und zum anderen wirst Du dadurch auch YouTube gegenüber wieder unabhängiger.

Fordere Dein Publikum auch von Zeit zu Zeit in den Videos auf, Dir einen Daumen hoch zu geben. Damit gewährleistest Du, dass Deine Videos besser gefunden werden.

Bei der Monetarisierung bist Du im Übrigen nicht nur auf YouTube angewiesen. Versuche aktiv Sponsoren zu finden, die Dich unterstützen. Entweder sie schicken Dir gratis Produkte, damit Du diese in die Kamera hältst oder zahlen Dir einen Geldbetrag dafür, dass Du sie im Video an Dein Publikum empfiehlst oder ihre Produktlinks an Deine Abonnenten schickst. Selbstverständlich kannst Du auch selber Affiliate-Partner werden und Deine eigenen Affiliate-Links verlinken. Ein bestimmter Prozentsatz Deiner Zuschauer kauft und Du bekommst ein kleines passives Einkommen.

Google AdSense (DE, weltweit)

Hier musst Du Dich zwingend anmelden, um von den Werbeeinnahmen von YouTube zu partizipieren.
https://www.google.com/adsense/

YouTube (DE, weltweit)

Die bekannteste Video-Plattform im Netz.
https://www.youtube.com/

t3n (DE)

Hier findest Du Tipps für Deinen YouTube-Kanal.
https://goo.gl/G6Fb30

rohinie (DE)

Ideen, wie Du Deine Videos bewirbst.
http://www.rohinie.eu/12-youtube-strategien/

tubularinsights (EN)

Informationen und Erkenntnisse für das YouTube Marketing.
https://goo.gl/jBFuAS

Wikipedia-Artikel (DE)

Die aktuell erfolgreichsten deutschen YouTuber. Schau Dir ihre Videos an, von ihnen kannst Du sicherlich noch das ein oder andere lernen!
https://bit.ly/2GHCDsH

#11 Werde Autor

Schreibe Deine eigenen Bücher und veröffentliche diese über Amazon und Co. Als Autor bist Du kreativ, hilfst Deinen Mitmenschen oder bereitest Ihnen durch guten Inhalt Freude. Deine Arbeitszeiten und Dein Arbeitsort sind dabei flexibel.

Deine Fähigkeiten

Als Autor solltest Du natürlich gut in der deutschen Rechtschreibung sein, denn nichts ist für die Leser nerviger, als sich beim Lesen über die ständigen Rechtschreibfehler Gedanken machen zu müssen.

Weitergehend ist eine blühende Fantasie von Vorteil und darüber hinaus sollte es Dir Spaß machen, Texte zu schreiben. Selbstmotivation ist als Autor ein und alles. Schließlich brauchst Du ein gutes Durchhaltevermögen, denn es dauert zum einen eine gewisse Zeit, bis Du ein Buch fertig hast und zum anderen eine weitere Zeit, bis Du ordentlich mit Deinen Büchern verdienst.

Finanziell solltest Du also entweder gut ausgestattet sein, oder Dein Autorendasein erst einmal als Nebentätigkeit ausführen.

Der Ablauf

Das Wichtigste, damit Du als Autor Geld verdienst, ist, dass Du für Deine Zielgruppe schreibst. Wahrscheinlich würdest Du lieber etwas anderes Schreiben, doch Du musst den Kompromiss finden zwischen: „Wo besteht eine hohe Nachfrage?" und „Ich will über Thema X schreiben".

Besonders leicht ist es, Rezeptbücher oder Ratgeber zu schreiben. Dabei musst Du Dir überlegen, welches Problem der Leser hat und wie Du es lösen kannst. Am besten ist es natürlich, wenn Du selber schon Erfahrung in dem Bereich gemacht hast. Dies ist allerdings keine zwingende Voraussetzung dafür. Du kannst Dir nämlich auch die ganzen Infos, die Du brauchst, im Internet und in Büchern zusammensuchen. Zutatenlisten für Rezepte sind darüber hinaus grundsätzlich ohne Copyright, so dass Du für ein Rezeptbuch dann lediglich die verschiedenen Schritte beschreiben müsstest.

Wir haben mit unseren Büchern gute Erfahrung mit Amazon Kindle Direct Publishing (KDP) gemacht. Dort reicht es aus, dass man etwa ein Word-Dokument hochlädt, welches dann automatisch in ein eBook umgewandelt wird.

Wenn Du also mit dem Schreiben fertig bist, musst Du noch Dein Buch Korrekturlesen lassen – entweder von Bekannten, von Dir selbst oder Du stellst einen Freelancer dafür ein. Dann brauchst Du noch ein Cover, welches Du ebenfalls von einem Freelancer erstellen lassen kannst. Die Alternative wäre wieder, es selbst zu tun oder jemanden zu kennen, der es für einen tut. Dann lädst Du Cover und Buch hoch und wenn alles stimmt, ist Dein eBook innerhalb eines Tages erwerbbar. Wir haben die Erfahrung gemacht, dass Printbücher sich um den Faktor 4 besser verkaufen, als eBooks. Mit jedem veröffentlichten Buch haben wir ein Stückchen Freiheit und Zeit gewonnen, die wir für weitere Projekte nutzen können.

Mit der Zeit lädst auch Du weitere Bücher hoch und freust Dich hoffentlich über immer höhere Tantieme, die Dir von Amazon KDP ausgeschüttet werden.

Deine Strategie

Als Erstes müsstest Du Dir überlegen, wie Deine Qualität-Preis-Balance aussehen soll. Willst Du eher wenige teure, dafür qualitativ hochwertige Bücher schreiben oder willst Du viele billige und qualitativ minderwertigere Bücher schreiben?

Meistens kosten die Ratgeber bei Amazon zwischen 99 Cent und 9,99€. Schaue Dir ruhig mal ein paar Ratgeber dort an und werfe „einen Blick ins Buch". Meistens kann man schon am Preis sehen, wie viel Aufwand der Autor sich damit gemacht hat. Manche Autoren lassen sogar Ghostwriter für sich schreiben und haben fast gar keine Kontrolle über den Inhalt. Davon raten wir unbedingt ab!

Schließlich ist es wichtig, dass Deine Bücher über Amazon gefunden werden. Genau wie bei Google oder YouTube geht es hier darum, diese für die Amazon-Suchmaschine zu optimieren.

Werfe vor dem Schreiben unbedingt einen Blick in Deine avisiertes Genre und mache Dir einen Eindruck von den Mitbewerbern. Grundsätzlich solltest Du nur für diejenige Zielgruppe bzw. Genre schreiben, wo auch ein gewisses Grundrauschen vorhanden ist.

Wichtig ist, dass Du Dich mit anderen Autoren austauscht und Dich über das Autorensein und das Leben als Self-Publisher informierst. Dafür kannst Du zum Beispiel in bestimmte Facebook-Gruppen gehen oder Autorenblogs besuchen.

Buchpreneur (DE)

Der mit Abstand beste deutsche Autorenblog! Neben vielen hilfreichen Artikeln und ansprechenden YouTube-Videos im eigenen Kanal hält Buchpreneur Autorenkurse und sogar eine App für angehende und bestehende Bestseller-Autoren bereit.

https://www.buchpreneur.de/

Papyrus (DE, EN)

Tolles Rechtschreibprogramm, welches sogar Zeichensetzung korrigiert! Wenn man einmal damit angefangen hat, möchte man es nicht mehr missen. Zwar kostet dieses Programm einmalig Geld, doch das ist die Investition, wenn man professionelle Texte schreiben möchte, allemal wert. Eine 4-wöchige Demoversion gibt es ebenfalls.

https://www.papyrus.de/

openthesaurus (DE)

Beim Schreiben von Texten wirst Du zwangsläufig Synonyme und Assoziationen von bestimmten Wörtern suchen. Genau dafür ist openthesaurus perfekt.

https://www.openthesaurus.de/

Amazon KDP (DE, weltweit)

Hier musst Du Dich anmelden, wenn Du Deine Bücher über Amazon KDP verkaufen möchtest.

https://kdp.amazon.com/

iBooks (DE, weltweit)

Zwar besitzt Amazon KDP den größten Marktanteil, doch kann es sicherlich nicht schaden, wenn Du Deine Bücher ebenfalls auf Apple-Geräten anbietest. Allerdings brauchst Du für das hochladen der Bücher einen Mac oder Du beauftragst einen Freelancer dies für Dich zu tun.

http://apple.co/2pD6tmk

#12 Werde Dozent

Du bist bereits Experte auf dem einen oder anderen Gebiet? Werde Dozent und vermittle Dein Wissen mit einem Video samt Präsentation und Lerninhalten! Damit hilfst Du anderen Menschen und beschäftigst Dich intensiver mit den Themen, die Dich eh ansprechen.

Deine Fähigkeiten

Als Dozent musst Du in der Lage sein, Dein Wissen und verschiedene Konzepte kompakt und verständlich zu kommunizieren. Dabei kannst Du Dich zur Veranschaulichung Deiner Ideen ruhig einer Präsentation bedienen. Diese sollte dann aber auch gut strukturiert und übersichtlich sein.

Wie auch das Bloggen, Vloggen und Autorendasein gehört das Dozentendasein zu den passiven Einkommensquellen. Für dieses musst Du finanziell zunächst in Vorleistung treten, weil Du erst nach und nach, wenn jemand den Kurs kauft, bezahlt wirst.

Für eine Dozententätigkeit im Internet benötigst Du schließlich noch Kamera, Mikrofon und am besten auch ein Videoprogramm zum Schneiden der Videos. Dabei müssen Deine Videos natürlich keine Studioqualität haben, aber man sollte Dich schon gut sehen und verstehen können.

Der Ablauf

Die Vorbereitung des Kurses ist das Ah und Oh und entscheidet über den Erfolg desselben. Sie beansprucht viel mehr Zeit, als die Aufnahme des Kurses selbst. Gleichzeitig bedeutet eine gute Vorbereitung aber auch, dass Dir das Reden viel leichter fällt, weil Du immer genau weißt, worum es geht und wie es im Gesamtkontext einzuordnen ist.

Nachdem Du, am besten basierend auf der potentiellen Nachfrage des Themas, ein solches eruiert hast, fängst Du an, ein Inhaltsverzeichnis für Deinen Kurs zu erstellen. Behalte dabei unbedingt im Kopf, warum sich jemand Deinen Kurs anschaut, also welches „Problem“ er hat und welche Lösung er braucht. Was weiß oder kann jemand, nachdem er sich Deinen Kurs angeschaut hat?

Wenn Du das grobe Inhaltsverzeichnis hast, geht es daran, die Unterpunkte zu füllen. Schreibe in ein paar kurzen Stichwörter auf, was Du inhaltlich bei jedem Punkt erzählen möchtest. Gibt es eventuell Zusatzmaterial, welches Du bei bestimmten Punkten anbieten möchtest? Was uns in dem Zusammenhang sehr geholfen hat, war, alles in einer Mindmap niederzuschreiben.

Hast Du diese Struktur einmal erstellt, kannst Du Dich daranmachen, die begleitende Präsentation für Deinen Kurs zu erstellen. Greife für die Bilder am besten auf lizenzfrei Stockfotos oder Deine eigenen zurück.

Nach dieser ganzen Vorbereitung ist der Kurs selbst nun ein Klacks für Dich. Du richtest alles so her, dass Hintergrund, Outfit und Licht passen und machst ein paar kurze Mikrofon- und Videotests. Wenn alles eingerichtet ist, kannst Du mit der eigentlichen Kursaufnahme loslegen.

Um Dir im Nachhinein die Videoschneidearbeit zu erleichtern, solltest Du relativ viele kurze Abschnitte aufnehmen. Versemmelst Du einen Teil, nimmst Du ihn einfach direkt noch einmal auf und kannst den Schlechten löschen. Vor jedem Teil schaust Du Dir selbstverständlich noch einmal die kommenden Folien an und überlegst Dir, was Du eventuell noch zusätzlich sagen möchtest.

Bist Du schließlich mit dem kompletten Kurs durch, kannst Du diesen auf die Plattform Deiner Wahl hochladen.

Deine Strategie

Damit Du mit Deinen Kursen einen durchschlagenden Erfolg hast, musst Du zum einen dafür sorgen, dass diese inhaltlich top sind und zum anderen, dass der Kurs selbst die Runde macht.

Für Ersteres brauchst Du natürlich gewisse Fachkenntnisse, doch kannst Du auch viel oder eben das, was fehlt, selber im Internet recherchieren. Wenn Du recherchierst, benutze unbedingt offizielle und/oder seriöse Quellen. Eine andere gute Möglichkeit ist es, sich ein paar eBooks zu dem Thema zu kaufen, da diese meistens schon eine Zusammenfassung von verschiedenen Sachverhalten aufweisen. Natürlich solltest Du auch dort auf eine gewisse Qualität achten und dann die Quintessenz aus mehreren Quellen selber zusammenfassen.

Für Deine begleitende Präsentation ist es wichtig, dass diese professionell und anschaulich wirkt. Erstelle dafür anschauliche Flussdiagramme und benutze passende Bilder. Das Layout und die Farben Deiner Präsentation sollten darüber hinaus das Thema untermauern, also den passenden Eindruck übermitteln (fröhlich, seriös, konservativ, originell und so weiter).

Deine Stimme sollte ebenfalls dem Thema adäquat angepasst sein, aber dennoch natürlich wirken (und sein). Rede so, wie Du bist, und lies nach Möglichkeit nicht ab, weil das der Zuschauer in der Regel merkt. Schaue ab und zu mal auf die Stichwörter – das ist vollkommen okay – aber fokussiere Dich die meiste Zeit während der Aufnahme auf die Kamera selbst. Wenn Du etwas erklärst, dann achte auf kurze Sprechpausen und benutze eventuell noch Deine Hände für unterstützende Gesten.

Für Zweiteres, dem Marketing Deines Kurses, brauchst Du eine ausgefeilte Strategie. Sammle in einem Brainstorming alle potentiellen Kanäle und Personen, mit deren Hilfe Du Deinen Kurs verbreiten könntest. Manche Plattformen bieten auch Affiliate-Links an. Das bedeutet, dass jemand, der Deinen Kurs bewirbt, einen bestimmten Prozentsatz vom Gewinn bekommt, sollte dieser verkauft werden. Das bietet natürlich einen ganz anderen Anreiz, als den Kurs nur aus Gefallen zu teilen.

Sieh zu, dass Du auf möglichst vielen Blogs erscheinst und nutze auch die Möglichkeit des kostenlosen Marketings in sozialen Netzen, wie Facebook, Instagramm, Snapchat, Twitter, Xing, LinkedIn, Pinterest und weitere. Du könntest Dir auch überlegen, den Kurs in der ersten Woche günstiger anzubieten und somit darauf bauen, dass dieses tolle Angebot möglichst oft geteilt wird.

Zusätzlich zur kostenlosen Werbung könntest Du auch kostenpflichtige Werbung – etwa auf Facebook – schalten. Zwar erzielst Du so eine größere Reichweite, doch solltest Du Dich vorher definitiv mit Facebook Marketing auseinandergesetzt haben, sonst könnte der Schuss finanziell nach hinten losgehen.

Besonders wichtig ist darüber hinaus, dass Dein Kurs positive Rezensionen von den Zuschauern bekommt, damit er hochgestuft und somit auch von anderen potentiellen Kunden auf der jeweiligen Plattform gefunden wird.

Unterm Strich brauchst Du also eine eigene, an Dein soziales Netzwerk und Dein Thema angepasste Marketing-Strategie. Arbeite diese gut aus und tausche Dich dafür auch mit anderen Dozenten in sozialen Netzwerken aus.

Uudemy (DE, weltweit)

Große Plattform für Kursvideos. Udemy selbst macht auch gelegentlich Werbung für Deine Kurse. Man hat hier als Zuschauer auch die Möglichkeit dem Dozenten eine Frage zu stellen.
https://www.udemy.com/courses/

Weitere Portale

- lecturio (DE): *https://www.lecturio.de*
- elopage (DE): *https://elopage.com/online-kurse-verkaufen*
- Digistore24 (DE): *https://www.digistore24.com/*
- meinekurse24 (DE): *https://www.meinekurse24.de/kurse-geben*

Dein skalierbares Internet-Business (3000€ monatlich – automatisiert)!

»Ein gutes Netzwerk ist die beste Arbeitslosenversicherung im 21. Jahrhundert.«

Holger Moller

Wie bereits erwähnt sind die vorgestellten Strategie nur bedingt skalier- und automatisierbar. Schließlich musst Du selbst arbeiten und Dein Tag hat nur 24 Stunden. Dein Lohn ist damit nach oben hin begrenzt. Daher möchten wir Dir, besierend auf der oben erläuterten Basis, eine Schritt-für-Schritt Anleitung an die Hand geben, mit der Du Dir ein automatisiertes Einkommen aufbauen kannst. Diese Anleitung vereint die Vorteile der verschiedenen Geschäftsideen online und legt den Fokus auf Automatisierbarkeit und Skalierbarkeit – die wesentlichen Determinanten passiven Einkommens.

- Erstelle einen kostenlosen Lead-Magnet (PDF als eBook oder gratis Report, Video oder Audiobuch) oder lasse ihn erstellen (upwork). Der Mehrwert muss aus dem Titel hervorgehen. Beispiel: „7 Gründe, warum Dein Hund (noch) nicht stubenrein ist."
- Erstelle ein hochwertig aussehendes 3D-Cover für Dein kostenlo ses Geschenk oder lasse es erstellen (upwork, fiverr, 99designs,...)
- Registriere Dich bei einem Email-Anbieter mit Autoresponder-Funktion (GetResponse, MailChimp, Aweber, Klicktipp, etc.)
- Erstelle eine sogenannte Squeeze-Page (leadpages.net, Optimizepress, UpViral.com, etc.). Dort kannst Du, in Kombination mit Deinem Email-Programm, Deinen Lead-Magneten im Tausch gegen die Email-Adresse anbieten.
- Bewerbe Deinen Lead-Magnet zum Beispiel bei Facebook (mind. 5€ am Tag) oder im Rahmen eines YouTube-Videos, eines Blogartikels, eines Gastartikels, etc. und erhalte erste Interessenten. Alternativ kannst Du Deine Webseite über GoogleSearch bewerben.

- Erstelle ein Tripwire-Produkt (PDF als eBook, Video oder Audiobuch), das auf dem Lead-Magneten aufbaut. Beispiel: „8 Strategien, wie Du Deinen Hund in 4 Wochen stubenrein bekommst."
- Leite Interessenten, die sich für Deinen Lead-Magneten eingetragen haben, bevor sie diesen erhalten, direkt auf die Verkaufsseite Deines Tripwire-Produktes weiter (digistore24, affili.net, etc.) und versuche Dein Produkt dort direkt zu verkaufen.
- Eine Email-Marketing Software arbeitet als Dein persönlicher und extrem günstiger Vertriebsmitarbeiter (automatischer Versand von Emails – 24 Stunden am Tag, 7 Tage die Woche, 365 Tage im Jahr).
- Verschicke automatisiert von Dir erstellte Emails an Deine Interessenten. Faustregel: 2 Emails mit konkretem Mehrwert (kein Verkauf) für jede Verkaufsmail.
- Erstelle einen hochpreisigen Videokurs mit noch mehr Mehrwert für Deine Interessenten und Tripwire-Kunden. Beispiel: „Wie Dein Hund in nur 6 Wochen ohne Leine läuft und auf Deine Befehle hört." Verkaufe dieses Produkt, sobald das Tripwire-Produkt gekauft wurde. Biete unbedingt eine Geld-zurück-Garantie an und zeige in der Beschreibung die konkreten, zeitlich determinierten Erfolge auf.
- Erstelle einen Profit-Maximierer. Ein Produkt oder eine Dienstleistung, die noch einmal mehr bietet, zum Beispiel ein 1o1-Coaching „Ich mache Deinen Hund in 6 Wochen fit für die Hundestaffel!"

Mit dieser einfachen Strategie kannst Du Dir in wenigen Schritten ein profitables performance Online-Business aufbauen. Das tolle daran ist, dass es kostengünstig (geringe Investitionen und geringe laufende Kosten), automatisierbar (automatischer Versand Deiner digitalen Produkte) und skalierbar ist (ob 1 oder 1.000 Verkäufe am Tag – für Dich bleibt der Aufwand gleich). Außerdem kannst Du Dir zu allen Punkten in unzähligen kostenlosen YouTube-Tutorials weiterführende Informationen holen oder ganze Arbeitsschritte an Freelancer auslagern.

Mit ein wenig Übung, Geduld und Geschick erzeugt dieses Online-Geschäftsmodell schon in wenigen Monaten erste größere Einnahmen. Darüber hinaus kannst Du es mithilfe bezahlter Werbung unendlich skalieren. Rechne hierfür den Wert pro Kunden aus (Customer Lifetime Value) und stelle ihn den Akquisitionskosten pro Kunde gegenüber. Solange diese Milchmädchenrechnung positiv ist, operierst Du lukrativ. Warte also nicht länger, sondern mache Dich daran dieses explizite Wissen in implizite Erfahrung zu verwandeln.

Bonus: 37 Wege, Geld zu verdienen

»Persönlichkeiten werden nicht durch schöne Reden geformt, sondern durch Arbeit und eigene Leistung.«

ALBERT EINSTEIN

Nachdem Du nun viele Möglichkeiten kennengelernt hast, Dir ein automatisiertes und skalierbares Internet-Geschäft aufzubauen, möchten wir Dir nun noch Wege aufzeigen, Dir schnell aktiv Geld dazuzuverdienen. Manchmal brauchen man nämlich dringend Geld und hat keine Zeit, sich erst mit viel Zeiteinsatz und via Trial-and-Error ein online Business aufzubauen.

Die folgenden beiden Kapitel, sollen Dir lediglich als Inspiration und Ideengeber für den schnellen Euro dienen; Dein kleines Nachschlagewerk. Dabei ist es nicht erforderlich, dass Du alle Ideen in ihrer Tiefe studierst. Vielmehr solltest Du sie überfliegen und Dir jene Möglichkeite genauer anschauen, die für Dich auch in Frage kommen.

Mit dem eingenommenen Geld kannst Du Dir unter Umständen Deine Selbstständigkeit für eine Zeitlang finanzieren. So kannst Du in aller Ruhe Deinen Geldbaum gießen, bis er von alleine weiterwächst.

Geld verdienen offline

Meistens gibt es in unserem echten Leben eine riesige Menge an Möglichkeiten, Geld zu verdienen. Oftmals sehen wir allerdings den Wald vor lauter Bäumen nicht. Während viele Apps und Internetseiten uns bei der Vermittlung von Kunden helfen können, haben wir alle einen riesigen potentiellen Kundenstamm direkt und wortwörtlich vor unserer Haustür: unsere Nachbarn, Freunde und Bekannte. Diese uns wohlgesonnene Zielgruppe hört uns zu, unterstützt uns und aktiviert gegebenenfalls auch ihre Kontakte für uns. Alles was Du tun musst, ist mit Ihnen zu sprechen.

Da Du nur diejenigen Arbeiten anbietest, die Dir auch liegen, hast Du bereits alle Fähigkeiten, die Du brauchst. Zusätzlich erlangst Du direkt Praxiserfahrung, während Du diese in die Tat umsetzt.

Bei diesen Arbeiten musst Du Dich in der Regel selbst um die Akquise neuer Kunden kümmern. Dafür ist es erforderlich, dass Du Dir zum einen Gedanken darübermachst, welche Fähigkeiten und Arbeiten Du anbieten möchtest und zum anderen darüber, wer genau Deine potentiellen Kunden sind. Hast Du beide Punkte eruiert, kannst Du direkt zur Tat schreiten. Gehe von Tür zu Tür, rufe die relevanten Personen an und schreibe E-Mails. Du selbst weißt am besten, auf welchem Wege Du welche Person erreichen kannst. Wichtig ist, dass Du selbst gut auf Deinem Handy erreichbar bist. So können Dich Deine Kunden schnell erreichen und Du kannst kurzfristig einen Termin mit ihnen abstimmen.

Bevor Du mit Deinen Nachbarn, Freunden und Bekannten sprichst, solltest Du Dir allerdings ganz genau darüber im Klaren sein, welche Tätigkeiten Du ihnen anbietest. Erstelle Dir einen ganzen Katalog an Dienstleistungen. Die folgenden Punkte dienen Deiner Inspiration, sind aber mit Sicherheit noch nicht vollständig. Der zweite Schritt besteht anschließend darin, sich um die Preisbildung Gedanken zu machen. Wie teuer ist diese Dienstleistung normalerweise und wie viel kannst oder willst Du dafür von Deinen Kunden verlangen? Wenn Du nun mit Deinen potentiellen Kunden sprichst, frage sie ruhig auch, womit Du ihnen helfen könntest. Vielleicht haben sie direkt die eine oder andere Arbeit für Dich. Merke Dir darüber hinaus, was sie Dir erzählen und schreibe es nach dem Gespräch direkt auf. So bekommst Du einen guten Überblick über ihre Wünsche und Bedürfnisse und kannst zu einem späteren Zeitpunkt darauf zurückkommen.

Während Du mit ihnen sprichst, solltest Du klar kommunizieren, dass Du Dir jetzt Geld dazu verdienen möchtest. Sprich offen an, ob sie vielleicht Freunde oder Bekannte haben, die an einer Deiner Arbeiten interessiert sein könnten. Hinterlasse auf jeden Fall Deine Kontaktdaten, falls sie diese noch nicht haben. Wenn Du eine Arbeit erledigt hast, erkundige Dich, ob Deine Kunden mit Dir zufrieden sind. Ist dies der Fall, dann weise sie darauf hin, dass Du Dich sehr freuen würdest, wenn sie Dich weiterempfehlen würden.

#1 Einkaufen

Vielleicht wohnen ältere Menschen in Deiner Umgebung, die sich beim wöchentlichen Einkauf schwertun? Oder Deine Nachbarn freuen sich über die Zeitersparnis, da sie viel arbeiten? Dann kannst Du ganz nebenbei, zusammen mit Deinen eigenen, ihre Einkäufe für sie gleich mit erledigen. Natürlich musst Du auch etwas mehr schleppen, doch der zusätzliche Aufwand lohnt sich bestimmt. Ergänzend kannst Du ihnen auch anbieten, einige Dinge über das Internet zu kaufen mit der Vereinbarung, dass Du das „Cashback“ behalten darfst.

#2 Aufräumen, Saubermachen und Wäsche waschen

Genau wie beim Einkaufen hilfst Du „Bedürftigen“ in ihrem Haushalt. Du kannst anbieten, einmal die Woche ihre Wohnung oder Haus zu saugen, Schmutz wegzuwischen und die dreckige Wäsche zu waschen und zu bügeln. Je nach Stundenlohn kannst Du damit ganz schnell auf ein stattliches Sümmchen kommen.

Vermittlung unter:

- yoopies (weltweit): *https://yoopies.de/*
- betreut.de (weltweit): *https://www.betreut.de/*

#3 Babysitting

Beim Babysitting passt Du auf den Nachwuchs Deiner Freunde und Bekannten auf. Diese wiederum haben endlich die Möglichkeit, sich wieder mehr um ihre Beziehung zu kümmern. Während Du als vertrauensvolle Person ihren größten Schatz hütest, können sie nun endlich mal wieder ins Kino, in die Sauna oder auf ein Konzert gehen. Am wichtigsten hierbei ist, dass Du Dich gut mit dem Kind beziehungsweise den Kindern verstehst. Eine nette Geste Deinerseits wäre es, zumindest wenn es sich um eine fremde Familie handelt, erst einmal zwanglos vorbeizuschauen und Dich vorzustellen. Das muss gar nicht lange sein und Du schaffst dabei eine erste Vertrautheit für die Kinder. Wenn Du dann zum Aufpassen kommst, kennen sie Dich bereits. Weitergehend solltest Du vorher mit den Eltern absprechen, um wie viel Uhr die Kleinen ins Bett müssen, was erlaubt und was verboten ist, wo sich der Medikamentenkasten befindet und wie du sie oder eine vertraute Person im Notfall erreichen kannst. Wenn die Kleinen erst einmal im Bett sind, kannst Du Dich dann sogar um Deine eigenen Sachen kümmern, sprich an Deinem passiven oder online Einkommen weiterarbeiten, interessante Bücher lesen oder einfach nur faulenzen.

Bei dieser Arbeit ist es sehr wichtig, dass Du eine private Haftpflichtversicherung abgeschlossen hast, die für Schäden, die durch Dich als neue Aufsichtsperson an den Kindern oder an dem Hab und Gut der betreuten Familie entstehen, haftet. Vor der Tätigkeit solltest Du gut prüfen, dass die Versicherung im Schadensfall auch haftet. Solltest Du noch minderjährig sein, dann kann es sehr gut sein, dass Du bereits über die Familienhaftpflichtversicherung der betreuten Familie versichert bist. Das solltest Du aber in jedem Fall vorher klären. Darüber hinaus steht Dir als Babysitter die gesetzliche Unfallversicherung zu. Diese ist für Dich kostenlos und wird von den einstellenden Eltern, Deinen „Arbeitgebern", bezahlt (Kosten ca. 50 Euro pro Jahr). Wenn Du unter 400 Euro verdienst, reicht es, wenn die Eltern Dich bei der Minijob-Zentrale im „Haushaltsscheckverfahren" anmelden. Solltest Du mehr verdienen, dann müssen sie sich an den Träger der gesetzlichen Unfallversicherung wenden. Spreche das Thema Versicherungsschutz unbedingt mit den Eltern ab!

Hier ist noch eine Checkliste mit wichtigen Punkten, die Du mit den Eltern klären solltest:

- Wie läuft das Abendritual für gewöhnlich ab?
- Gibt es Lieblingsbeschäftigungen der Kleinen?
- Was dürfen die Kleinen essen?
- Müssen irgendwelche Allergien, Unverträglichkeiten, Krank heiten etc. beachtet werden?
- Gibt es eine Hausapotheke und wenn ja, wo befindet sie sich und was darf gegeben werden?
- Welches sind die Notrufnummern: Giftnotruf, Notarzt,
- Rettungsdienst und Feuerwehr?
- Die genaue Adresse der Wohnung.
- Wo befinden sich die Versichertenkarten der Kinder?
- Handynummern der Eltern und evtl. auch von Bekannten.
- Es sollte etwas Bargeld für unvorhergesehene Situationen vor handen sein.
- Wie funktionieren Fernseher, DVD-Player und andere elektronische Geräte?
- Wie soll mit Anrufen umgegangen werden?
- Wie wird der Lohn bezahlt?

Eltern können sich bei einer Überweisung die Kosten der Kinderbetreuung über die Einkommenssteuererklärung zurückholen. Bei Barzahlung ist dies allerdings nicht möglich. Als Nachweis für das Finanzamt gilt aber auch ein Babysitter-Vertrag.

Soll ein Babysitter-Vertrag abgeschlossen werden?

Einen Babysitter-Vertrag in Blanko, erarbeitet von dem Stadtelternrat - Ohne Grenzen e.V. Leipzig, kannst Du hier herunterladen: *http://bit.ly/2uC9pVr*

Vermittlung unter:

- yoopies (DE, FR, ES, IT, EN): *https://yoopies.de/*
- hallobabysitter (DE, EN): *https://www.hallobabysitter.de/*
- babysitter.de (DE, CH, AT): *https://www.babysitter.de/*
- betreut.de (weltweit): *https://www.betreut.de/*
- ErsteKinderbetreuung (DE): *https://www.erstekinderbetreuung.de/babysitter*

#4 Nachhilfe geben

Biete an den schwarzen Brettern von den Schulen in Deiner Umgebung und natürlich auch Deinen Nachbarn an, Nachhilfe in den Fächern zu geben, in denen Du selbst gut warst oder bist. Handelt es sich um eine Grundschule, dann brauchst Du wahrscheinlich kaum Kenntnisse. Alternativ kannst Du auch einfach anbieten, die Hausaufgaben mit den Kindern gemeinsam zu erledigen.

Vermittlung unter:

- yoopies (DE, FR, ES, IT, EN): *https://yoopies.de/*
- ErsteNachhilfe (DE): *https://www.erstenachhilfe.de*
- betreut.de (weltweit): *https://www.betreut.de/nachhilfe*
- nachhilfe.org (DE): *http://www.nachhilfe.org/*
- Als eTutor: *http://bit.ly/2toYVUZ*

#5 Abschlussarbeiten und Lebensläufe korrigieren

Wenn Du in einer Studentenstadt wohnst, kannst Du Aushänge an der Uni machen, dass Du die Abschlussarbeiten der Studenten Korrektur liest. Arbeitnehmern bietest Du an, ihre Lebensläufe zu korrigieren und zu verbessern. Dafür machst Du den Aushang dann sinnvollerweise im Jobcenter.

Für die Korrektur selbst greifst Du zum einen auf ein korrigierendes Textbearbeitungsprogramm zurück und zum anderen orientierst Du Dich an professionellen Lebensläufen im Internet.

#6 Verkaufe Deine Geschichte

Wenn Du eine besondere Geschichte hast, kannst Du diese „Story" an eine Zeitung weiterverkaufen. Dafür muss Dir in der Regel aber etwas Außergewöhnliches widerfahren sein, damit Du Geld dafür bekommst. Aber wer weiß, vielleicht zählst Du ja zu diesen Menschen. Dann solltest Du auf jeden Fall zu einer Zeitung gehen und Deine persönliche Geschichte (mit all ihren Höhen und Tiefen) anbieten.

#7 Hunde spazieren führen

Viele Menschen haben einen Hund, allerdings nicht die Zeit oder Lust ihn tagtäglich „Gassi" zu führen. Hier kommst Du ins Spiel und holst täglich zu einer bestimmten Uhrzeit den Hund oder die Hunde ab und gehst 1-2 Stunden mit ihnen spazieren. Je mehr Kunden, also Hunde, Du hast, desto mehr kannst Du auch pro Stunde verdienen. Bei 4 Hunden á 10 € pro Stunde macht das ganze 40 € Stundenlohn!

Kannst Du die Hundebesitzer davon überzeugen, dass zwei Stunden für den Hund besser wären, bzw. kannst Du zwei Mal pro Tag eine Stunde machen, dann hast Du Dir in dem Beispiel schon 80 € an einem Tag für 2 Stunden Arbeit verdient. Wohnst Du in einer größeren Stadt, kannst Du wahrscheinlich sogar jeden (Wochen-)Tag Hunde ausführen und somit einen sehr netten Nebenverdienst einfahren.

#8 Frühstück, Essen und Smoothies vorbereiten

Manche Eltern haben einfach nicht genug Zeit für Ihre Kinder und schicken diese morgens mit einem kläglichen Frühstück in die Schule. Kreiere Dein eigenes Frühstücksmenü, welches Du den Eltern für Ihre Kinder anbietest. Natürlich kannst Du dafür auch einen Aushang, machen auf dem Du Deine Köstlichkeiten anbietest. Versuche dabei, Dich abzuheben, und biete besondere Dinge an, wofür die Eltern normalerweise morgens keine Zeit haben.

Neben einer Fülle von Rezeptideen schlage ich Dir hier folgendes Rezept vor: Du vermengst Thunfisch, Mayonnaise, evtl. noch eine Avocado, Zwiebeln, Tomate und Gurke mit etwas Salz und Pfeffer in einer Schüssel und packst diese nutritive Masse auf ein Brötchen oder einen Toast. Gesund und lecker! Saisonal kannst Du natürlich auch noch frischen Saft anbieten und so das Frühstück der Kleinen abrunden.

Alternativ bietest Du das Frühstück, nutritive Smoothies oder sogar ganze Mittagessen in den Büros in Deiner Umgebung an. Nicht selten haben die Mitarbeiter dort kein eigenes Mittagessen dabei, so dass sie zum Essen ausgehen oder welches bestellen müssen. Sprich mit den Leuten und biete an, ihnen zu einer bestimmten Uhrzeit Dein selbstgemachtes Essen vorbeizubringen. Hier zählt neben dem Geschmack auch die Präsentation Deines Essens.

#9 Geschenkkörbe

Biete Deinen Nachbarn oder auch in den angesprochenen Büros an, dass Du Präsentkörbe und Geschenke für sie vorbereiten kannst. Sie müssen sich dann um nichts mehr kümmern. Zusätzlich könntest Du anbieten, diese auch zu überreichen, einen Kuchen zu backen oder mit einem Ständchen zu überraschen. Sinnvoll ist bei dieser Idee natürlich, dass Du vorher ein paar Fotos von Deiner Arbeit zeigen kannst und auch genau weißt, was Du für welchen Geschenkkorb verlangst.

#10 Werde Notschlüsselhalter

Nicht alle Menschen wohnen in der Nähe von ihrer Familie oder möchten ihren Nachbarn einen Zweitschlüssel ihrer Wohnung oder des Hauses geben. Da es aber immer sein kann, dass wir uns mal selbst ausschließen oder unsere Schlüssel verlieren, bietest Du an, „Notschlüsselhalter" zu werden. Du kannst dafür vielleicht ein oder zwei Euro pro Monat verlangen und fünf oder zehn Euro extra, falls Du im Notfall mit dem Schlüssel vorbeikommen musst. Das hört sich im ersten Moment nicht nach viel Geld an, doch aufs Jahr gerechnet können mit steigender Schlüsselzahl schnell ein paar hundert Euro zusammenkommen – und das ohne laufenden Arbeitsaufwand!

#11 Handwerkliche Tätigkeiten

Wenn Du ein handwerkliches Talent hast, kannst Du auch kleinere Sanierungsarbeiten oder Renovierungen anbieten. Je größer Dein Geschick, desto mehr Geld kannst Du dafür wohl auch verlangen. Dabei musst Du nicht zwingend ein außerordentliches Talent haben. Für viele Arbeiten reicht es, wenn Du nicht allzu tollpatschig bist. Du könntest zum Beispiel anbieten, die Zaunlatten Deiner Nachbarn zu streichen. Dafür kannst Du je nach Größe des Zauns etwa 10 € pro Latte oder Abschnitt verlangen.

#12 Garagenverkauf

Rede mit Deinen Nachbarn und Bekannten und sage ihnen, dass Du einen Garagenverkauf machen möchtest, um Dir etwas Geld dazu zu verdienen. Haben sie vielleicht die eine oder andere Sache, die sie Dir für Deinen Verkauf spenden können? Vielleicht etwas von diesen vielen Dingen, die man eigentlich gar nicht braucht. Am besten erzählst Du so vielen Leuten wie möglich von Deinem „Garagenverkauf", der natürlich auch in Deiner Wohnung stattfinden kann. Dafür machst Du eine Woche vorher Aushänge in Deiner Umgebung und kündigst den Verkauf mit Datum und Uhrzeit an. Vielleicht kannst Du sogar einen Aushang in einem Kiosk oder Café machen und kommst gleich mit den Leuten ins Gespräch.

Am Ende des Tages hast Du hoffentlich so viel wie möglich verkauft. Wahrscheinlich bleibt aber doch noch die eine oder andere Sache übrig. Diese Sachen empfehle ich Dir einfach in eBay hochzuladen und dort zu verkaufen. Natürlich nur solange sich der Aufwand für den erzielbaren Preis lohnt. In der Regel lohnt es sich ebenfalls, besondere Sammlerstücke oder teure Gegenstände dort zu verkaufen. Am besten Du eruierst vor Deinem Garagenverkauf, welche Preise man für die verschiedenen Produkte erzielen kann, die Du anbieten möchtest. So hast Du direkt eine ungefähre Preisvorstellung, musst aber erst einmal nicht alles mühselig hochladen.

#13 Werde Fotograf und Bildbearbeiter!

Biete Deinen Bekannten an, professionelle Fotos von Ihnen zu machen, diese anschließend am Computer zu bearbeiten und bei Bedarf direkt einzurahmen. Abgesehen davon, dass es für sie selbst eine schöne Erinnerung ist, können sie diese auch selber an ihre Familienmitglieder weiterverschenken. Ihr Aufwand beläuft sich dabei auf das Posieren für eines oder mehrere schöne Fotos.

Alternativ kannst Du auch anbieten, ihre Fülle an gemachten Fotos zu Sortieren – digital oder analog spielt dabei keine Rolle. Du könntest dann sogar noch jeweils ein Fotoalbum von ihren Urlauben entwerfen! Das wird ihnen sehr entgegenkommen, denn oftmals fehlt gerade nach dem Urlaub die eigentlich notwendige Zeit, seinen gemachten Fotos gerecht zu werden. Für den Anfang ist es hierbei sicherlich am besten, wenn Du hier einen festen Stundenlohn vereinbarst. Wenn Du allerdings ein wenig Übung hast, dann solltest Du erfolgsabhängig arbeiten und einen Preis pro Album oder pro 100 Fotos parat haben. Wenn Du schnell arbeitest, hast Du dann einen umso höheren Stundenlohn.

#14 Elektro- und Küchengeräte recyceln

Wenn Du Dich ein wenig mit Elektronik auskennst oder jemanden kennst, der das tut, dann biete doch den Menschen in Deiner Umgebung an, ihre kaputten Geräte entgegenzunehmen und zu entsorgen. Es dauert hier wahrscheinlich etwas, bis Du Geld damit machen kannst, doch werden sich die Leute an Dich erinnern, wenn ihre Kaffeemaschine mal den Geist aufgibt und sie sie dir praktischerweise einfach in die Hand drücken können. Bevor Du das Gerät entsorgst, versuchst Du, es zum Laufen zu bringen. Solltest Du es reparieren können, kannst Du gleich das ganze Gerät als gebraucht weiterverkaufen!

#15 Organisiere Feiern und Geburtstage

Wie schon so oft erwähnt, haben manche Menschen einfach zu wenig Zeit, sich um alles selber zu kümmern. Du unterstützt sie, indem Du ihre Feiern und Geburtstage organisierst. Das beinhaltet das Backen von verschiedenen Kuchen, Dekoration, Getränke und Musik. Überlege Dir zwei oder drei Komplettpakete, zwischen welchen die Interessenten entscheiden können. Das beinhaltet natürlich auch Kindergeburtstage, welche allerdings ein besonderes Auge für die Details voraussetzten.

Auch kannst Du gut einen Festpreis für verschiedene Kuchen oder Waffeln haben, die bei Dir bei Bedarf einfach bestellt werden können. Eine weitere Alternative wäre, dass Du bei Ihnen persönlich vorbeikommst und in ihrer Küche frische Crêpes zubereitest. Weder ist das Rezept für den Teig sonderlich schwierig, noch die Zubereitung der Crêpes selbst - herzhaft oder süß ein Genuss!

#16 Digitalisiere CD-Kollektionen und Dias

Während heutzutage die meiste Musik digital verwaltet wird, gibt es Menschen, die noch riesige CD-Kollektionen haben. Das gleiche gilt für die Dias der Generationen vor den digitalen Fotos. Du übernimmst die Digitalisierung! Die CDs konvertierst Du an Deinem Rechner alle ins MP3-Format und die Dias kannst Du einscannen. Das kann unter Umständen zwar ein mühevoller Prozess sein, doch genau deshalb kannst Du es Dir auch gut bezahlen lassen. Im Falle der CDs kannst Du die Tätigkeit sogar nebenbei machen, da die Konvertierung in der Regel immer ein paar Minuten dauert.

#17 Minijobs in Deiner Nähe erledigen

Hier lädst Du Dir meistens eine App auf Dein Smartphone herunter und es werden Dir Minijobs in Deiner Umgebung angezeigt. Auf manchen Plattformen gibt es auch zusätzlich online Aufträge. Meistens geht es darum, etwa den Herstellercode auf bestimmten Produkten zu fotografieren oder die Präsentation eines bestimmten Herstellers.

Du lädst Dir die App der jeweiligen Plattform herunter und schaust regelmäßig hinein, um Angebote in Deiner Umgebung zu finden. Je nach Plattform gibt es unterschiedliche minimale Auszahlbeträge, meistens jedoch ab 5 € aufs PayPal Konto. Sinnvollerweise lädst Du Dir gleich ein paar Apps herunter, um zu gewährleisten, dass Du eine größere Auswahl an Minijobs hast. Am besten Du planst bestimmte Zeiten, an denen Du Dir die neusten Jobs anschaust, etwa im Bus, im Zug, in der Pause auf der Arbeit oder abends vorm Schlafengehen.

Plattformen:

- Shopscout (DE, IT, CS): *http://beshopscout.com/*
- appJobber (DE, IT, FR, PT, EN, TUR): *https://www.appjobber.de/info/jobber*
- Roamler (Europa und mehr): *http://www.roamler.de/Join*
- jomondo (DE): *http://www.jomondo.de/*
- Streetspotr (EN): *https://streetspotr.com/*

#18 Werde Kundenbetreuer von zu Hause aus

Die Telefonanrufe werden direkt zu Dir weitergeleitet und Du kannst diese während Deiner Arbeitszeit von zu Hause erledigen. Durch die Arbeit im eigenen Home Office entfällt dabei der lästige Weg zur Arbeit!

Bei dieser Tätigkeit solltest Du auf jeden Fall einen sicheren Umgang am Telefon haben. Auch eine gewisse Geduld bei Beschwerden oder Komplikationen ist definitiv von Vorteil. Darüber hinaus brauchst Du noch einen Computer, ein Headset und eine Internet Verbindung, die nicht zu langsam ist. Für die Arbeit als Kundenbetreuer musst Du Dich zu allererst bewerben. Dieser Prozess ist selbstverständlich lästig, doch bist Du einmal drinnen, stehen Dir viele weitere Angebote als Kundenbetreuer im Home Office zur Verfügung. Anschließend bekommst Du eine Schulung über das Telefon oder das Internet, um Dich auf Deine neue Stelle vorzubereiten. Hast Du diese abgeschlossen, steht dem Geldverdienen nichts mehr im Weg. Der Verdienst ist entweder provisionsabhängig oder kann pauschal pro Stunde abgegolten werden. Die Bestandsexperten verdienen ca. 8-12 € pro Stunde.

Plattformen:

- expertcloud (DE): *http://www.expertcloud.de/*
- conduent (DE, Europa): *http://www.conduentcallcenters.com/*

#19 Für Studenten: Handle mit Kursbüchern

Diese Tätigkeit kannst Du mindestens zwei Mal pro Jahr durchführen, und zwar immer genau dann, wenn gerade ein Semester in Deiner Universität oder Fachhochschule zu Ende geht. Dafür musst Du natürlich kein Student sein, es wäre aber definitiv praktischer. Als Zwischenhändler brauchst Du eine mittelgute Kommunikations-fähigkeit. Darüber hinaus solltest Du finanziell in der Lage sein, in Vorkasse zu gehen.

Gegen Ende des Semesters überzeugst Du Deine Kommilitonen davon, Dir ihre alten Kursbücher, die sie im nächsten Semester wohl nicht mehr gebrauchen, zu verkaufen. Dann wartest Du bis kurz vor Ende der Semesterferien und bietest diese Kursbücher dem nächsten Jahrgang an.

Schaue einfach, welche Universitäten und Fachhochschulen in Deiner Umgebung sind und finde heraus, welche Bücher in den einzelnen Kursen benötigt werden. Meistens veröffentlicht die Institution sogar ganze Bücherlisten. Vielen Studenten und den Professoren macht es in der Regeln nichts aus, wenn das Kursbuch nicht die allerneuste Version ist. Gleichzeitig sollte es natürlich nicht allzu alt sein. Sobald es vier oder fünf Jahre auf dem Buckel hat, solltest Du vorsichtig sein, da die Nachfrage unter Umständen sehr gering ausfallen könnte.

Jetzt kannst Du sogar für sämtliche Kurse gegen Ende des Semesters die alten Kursbücher aufkaufen und bekommst mit Sicherheit einen dicken Abschlag, da das Buch für viele Studenten quasi wertlos geworden ist. Wenn möglich solltest Du Dich vor dem Aufkauf aber versichern, dass der Professor dieses Buch auch im nächsten Semester behandeln wird. Dafür kannst Du ihm einfach eine E-Mail schreiben, ihn oder Mitstudenten fragen oder gezielt nach den Bücherlisten Ausschau halten.

Vor Beginn des neuen Semesters bietest Du die Kursbücher dann mit Gewinn an. Meistens gibt es sogar bestimmte Tage vor Semesterbeginn, an denen alte Studenten ihre Kursbücher verkaufen können. Alternativ solltest Du, auch für den Einkauf, einen Aushang an den schwarzen Brettern machen mit „Kaufe Deine alten Kursbücher" beziehungsweise „Verkaufe Kursbücher günstig". Am besten listest Du in dem Zuge direkt die betroffenen Bücher auf.

Vor dem Einkauf solltest Du Dich allerdings erkundigen, wie teuer alte Kursbücher verkauft werden, damit Du eine ungefähre Vorstellung von dem Verkaufspreis hast, den Du erzielen kannst. Solltest Du die eingekauften Kursbücher nicht loswerden, beziehungsweise als zusätzliche Strategie, kannst Du sie noch bei eBay, Booklooker und Amazon anbieten und dort verkaufen.

Vertriebswege:

- Internetseiten der Universitäten
- Schwarze Bretter
- Lokale Tauschbörsen
- Marktplätze im Internet (eBay, Booklooker, Amazon)
- Deine Kommilitonen

#20 Vermiete Parkplatz, Zimmer, Wohnung oder Haus

Manchmal können wir alle ein Plätzchen in unserem Zuhause freimachen für Besucher – egal wie groß oder klein es ist. Besonders lukrativ ist die Vermietung, wenn man in einer größeren Stadt mit Touristen wohnt. Man kann somit den Touristen eine günstige Alternative zum teuren Hotel bieten und der Arbeitsaufwand ist minimal! Je nach Lage und Qualität sind die Besucher durchaus auch gerne bereit etwas mehr zu bezahlen.

Als neuer Vermieter musst Du in der Lage sein, gute von schlechten Mietern zu unterscheiden. Die gängigen Plattformen im Internet helfen Dir dabei, indem die Mietsuchenden ein Profil und teilweise auch ihre Bankdaten hinterlegen müssen. Eine Selbstverständlichkeit ist, dass Du Dein Zimmer, Wohnung oder (Ferien-)Haus vor Vermietung saubermachst!

Du bietest im Internet auf verschiedenen Plattformen Deine Unterbringung an. Die Vermittlung von Angebot und Nachfrage erfolgt dann über die jeweilige Plattform. In der Regel hast Du auch das letzte Wort und kannst Anfragen akzeptieren oder ablehnen. Die Bezahlung bekommst Du in den meisten Fällen direkt von der Plattform, die als Intermediär dadurch zusätzlich Sicherheit für Mieter und Vermieter bietet.

Beziehe bei Deiner Planung definitiv saisonale Ereignisse mit ein. Das können zum Beispiel Messen, wichtige Konferenzen und Veranstaltungen, Semesterbeginne, Staatsbesuche und nationale Feiertage sein. In solchen Zeiträumen kannst Du locker das Vielfache der normalen Miete verlangen. Orientiere Dich dabei an den Preisen von Mietangeboten in einer ähnlichen Lage. Selbst wenn Du kein zusätzliches Ferien- oder Mietshaus besitzt, kannst Du immer ein Zimmer in Deiner Wohnung für ein paar Tage freimachen. Du wohnst schon in einer Wohngemeinschaft? Wunderbar, dann zieh doch einfach fürs Wochenende zu einem Deiner Mitbewohner. So kannst Du gleichzeitig sicherstellen, dass es dem Mieter gut geht.

Für die meisten potentiellen Mieter ist es wichtig, dass Deine Unterkunft ordentlich und sicher aussieht. Nimm Dir unbedingt die Zeit, um schöne Fotos für Deine Inserate zu schießen! Einmal hochgeladen wirst Du sie kaum abändern müssen und kannst diese darüber hinaus gleich auf sämtlichen Plattformen benutzen.

Hast Du schließlich erfolgreich Deine Unterkunft vermietet, solltest Du Deine Mieter bitten, Dir auch eine gute Bewertung auf der jeweiligen Plattform zu schreiben, um zukünftige Interessen anzulocken.

Plattformen:

- Airbnb (DE, weltweit): *https://www.airbnb.de/info/host*
- Wimdu (DE, weltweit): *http://www.wimdu.de/offers/new*
- Gloveler (DE, ES, FR, BGR): *https://gloveler.de/*
- Pension.de (DE): *https://www.pension.de/*
- FeWo-direkt (DE): *https://www.fewo-direkt.de/*
- Ferienhausvermietung-mit-Erfolg (DE): *http://www.ferienhausvermietung-mit-erfolg.de/*
- Ferienwohnungen.de (DE):
- *http://www.ferienwohnungen.de/vermieten/*
- Immobilienscout24 (DE): *https://www.immobilienscout24.de/*
- Wohnungsbörse (DE): *https://www.wohnungsboerse.net/*
- WG-gesucht (DE): *http://www.wg-gesucht.de/*

Geld verdienen: 17 Blitzideen

Zusätzlich zu den vorgestellten Möglichkeiten, online und offline Geld zu verdienen, möchten wir Dir hier noch weitere Möglichkeiten aufzeigen, mit denen Du sehr schnell Geld machen kannst. Wenn Dir eine dieser Ideen gefällt, dann solltest Du Dich hinsetzen und diese genauer ausarbeiten. Folgende Fragen solltest Du dafür beantworten können:

- Was genau sind die Voraussetzungen, damit diese Idee ein Erfolg wird?
- Welches sind die finanziellen und zeitlichen Kosten von diesem Projekt?
- Welche Teile kann und möchte ich selber übernehmen und welche Teile sollen ausgegliedert werden?
- Wie lange dauert es, bis ich Geld verdiene?
- Gibt es Menschen, die damit bereits Erfahrungen gesammelt haben und kann ich diese unter Umständen im Vorfeld kontaktieren?

Wenn Du Dich für eine Idee entschieden hast, sammle so viele Informationen darüber, wie nötig. Möglicherweise kannst Du diese Ideen auch erst einmal antesten und mit Freunden und Bekannten besprechen, bevor Du direkt „losrennst". Viel Erfolg!

#1 Entwickle eine App

Biete eine App an, die Du selbst entwickelt hast oder die Du entwickeln lässt. Diese kann eine tolle Innovation, ein Spiel, Deine Homepage oder ein lokaler Veranstaltungskalender (siehe #9) sein. Je größer der Nutzen ist, den die Menschen in Deiner App sehen, desto höher ist Dein Erfolgspotential und dadurch auch Dein Einkommen.

#2 Werde fürs Gehen bezahlt

Es gibt Apps, die Dich dafür bezahlen, dass Du Dich bewegst. Dazu gehören folgende Anbieter:

- Bitwalking (EN): *http://www.bitwalking.com/*
- bounts (EN): *https://www.bounts.it/*
- GymPact (EN): *http://apple.co/2r70tDw*
- sweatcoin (US, UK, IRL): *http://sweatco.in/*

#3 Werde zur laufenden Werbetafel

Die Idee ist einfach: Du hängst Dir eine riesige Werbetafel um und läufst durch die Gegend, um die Menschen darauf aufmerksam zu machen. Eine Alternative, die von manchen Firmen angeboten wird, ist, sich ein großes Kostüm eines Maskottchens anzuziehen und so in der Fußgängerzone auf einen bestimmten Laden oder eine Aktion aufmerksam zu machen. Eine weitere Möglichkeit sind Werbeaufdrucke für Dein Auto oder Fahrrad für Geschäfte und Restaurants in Deiner Umgebung.

#4 Werde Touristenführer

Egal wo Du wohnst, es gibt irgendwelche Sehenswürdigkeiten an jedem Ort der Welt. Mache Dich über die lokalen Attraktionen schlau und biete dann Führungen an. Dabei läufst Du mit einer Gruppe von interessierten Personen zu den verschiedenen Punkten und erzählst ihnen alle Hintergründe und geschichtlichen Ereignisse. Mögliche Orte, die Du gut besuchen kannst, sind Kirchen, alte Häuser, Parks, Residenzen, Burgen, Schlösser, relevante Industriegebäude, Seen, Flüsse, das Geburtshaus von bekannten Persönlichkeiten, die Fußgängerzone, erhaltene Ruinen, Denkmäler, Brunnen, die ein Künstler erstellt hat und viele Dinge mehr.

#5 Biete Fitness-Touren an

Wenn Du gut darin bist, andere Menschen zu motivieren, kannst Du Fitness-Touren anbieten. Auf diesen Touren lauft ihr gemeinsam eine bestimmte Strecke mit verschiedenen Stopps, bei denen Ihr Übungen macht. Du planst alles ganz genau und hast vielleicht auch verschiedene Laufwege. Werbung machen kannst Du dafür mit Aushängen, Flyern, im Internet und Mund-zu-Mund Propaganda. Überlege Dir im Vorfeld, wie viele Leute teilnehmen müssen, damit sich die Touren für Dich finanziell lohnen.

#6 Werde Taxifahrer

Sei es nun über die Plattform Uber (*https://www.uber.com/de/*) oder durch Aushänge in Bars und Restaurants: Biete an, die Menschen nach einer Party abzuholen. So können diese trinken und gelangen trotzdem sicher nach Hause. Das Wichtigste dabei: Pünktlichkeit und Zuverlässigkeit.

#7 Werde Model

In größeren Städten gibt es meistens Werbeagenturen, die immer nach neuen Models suchen. Melde Dich mit professionellen Fotos an, damit Du in die Datenbank aufgenommen wirst. Dann gehört natürlich noch das Quäntchen Glück dazu, aber in der Regel wird diese Tätigkeit gut bezahlt. Eine Alternative wäre Nacktmodeln, etwa für Künstler an einer Uni oder Hochschule.

#8 Seine Wohnung oder Haus zum Drehort machen

Dabei vermietest Du Deine Wohnung oder Haus an Fernsehsender, damit diese dort ihre Serien oder Filme drehen können. Auch hier ist es wichtig, erst einmal auf die Liste zu kommen. Mit ein bisschen Glück wird man ausgewählt und kann sich so ein nettes Sümmchen - je nach Sendung und Drehort mehrere hundert Euro pro Tag - aufwandslos dazuverdienen.

#9 Werde Protokollführer

In der Uni gibt es immer wieder Professoren, die ihren Studenten den Inhalt eines Semesters in schriftlicher Form aushändigen möchten. Du hilfst dem Professor und tippst während seiner Vorlesung alle wichtigen Punkte ab. Hinterher erstellst Du praktische Handouts, die die Studenten dann zum Lernen nutzen können. Eine weitere Möglichkeit wäre, anzubieten, den Vorlesungsinhalt ins Englische zu übersetzen.

#10 Organisiere Reisen

Viele Menschen kommen von ihrer Couch nicht hoch, dabei ist es heutzutage mehr als einfach, günstig zu reisen. Organisiere Kurzurlaube und Touren für eine kleine Reisegruppe. Dabei kannst Du so gut wie immer einen Gruppenrabatt herausholen. Für die Akquise kannst Du Aushänge machen oder im Bekanntenkreis fragen.

#11 Kindergesichter bemalen

Eine Fähigkeit, die Dir immer wieder zugutekommen könnte, ist, Gesichter bemalen zu können. Dafür erlernst Du ein paar Standartfiguren, wie Löwe, Spiderman, Katze, Fee, und so weiter. Erzähle den Menschen in Deiner Umgebung, dass sie Dich für ein paar Stunden mieten können. In ein paar Stunden kannst Du Dir damit locker 50 € dazuverdienen.

#12 Eigenes Merchandising

Hast Du ein künstlerisches Talent? Dann entwerfe doch T-Shirts, Pullover, Jacken, Taschen und Accessoires und lasse diese von bekannten Plattformen wie Spreadshirt (DE, international, URL: *https://www.spreadshirt.de/*) und Teespring (DE, weltweit, URL: *https://teespring.com/*) vermarkten. Den Preis kannst Du dabei selbst bestimmen.

#13 Eigene Fotos, Audios und Videos verkaufen

Machst Du gerne Fotos? Dann lade doch Deine besten Fotos auf Stockseiten hoch. Das gleiche gilt für Video- und Audiodateien. Für jeden Download bekommst Du dann eine Provision ausgezahlt.

Bekannte Stockplattformen sind:

- shutterstock (DE, weltweit): *https://www.shutterstock.com/de/*
- Adobe Stock (DE, weltweit): *https://stock.adobe.com/de/*
- fotolia (DE, weltweit): *https://de.fotolia.com/*
- depositphotos (DE, weltweit): *https://de.depositphotos.com/* alarmy (DE, EN): *http://de.alamy.com/*

#14 Ältere Menschen internetfähig machen

Das Internet ist mittlerweile in unserer Gesellschaft nicht mehr wegzudenken – meint man. Doch es gibt immer noch viele, gerade ältere Menschen, die sich nicht damit auskennen. Während für die Jugend alles intuitiv ist, haben andere Generationen vielleicht gerade mal eine E-Mail-Adresse. Hier kommst Du ins Spiel. Du könntest zum einen eine Art Kurs anbieten und den Menschen zeigen, wie sie sich im Internet zurechtfinden. Zum anderen könntest Du ihnen direkt die Arbeit abnehmen und ihnen wichtige Konten, wie etwa PayPal, Facebook, E-Mail und so weiter einrichten. Vielleicht würden sie sich sogar darüber freuen, wenn Du ihre Bilder, für ihre Freunde zugänglich, auf einem Cloud-Speicher hochlädst.

#15 Nachhilfe über Skype

Die Internettelefonie, zum Beispiel über skype, facebook oder WhatsApp, bietet uns die tolle Möglichkeit, direkt mit anderen Menschen weltweit in Kontakt zu treten. Biete doch einfach Nachhilfe in bestimmten Fächern – am besten in Deutsch, denn da bist Du der perfekte Muttersprachler – an. Du könntest zum Beispiel auf Deutsch mit dem Teilnehmer oder den Teilnehmern über ein bestimmtes Thema sprechen. Somit verbessern sie ihre deutsche Aussprache und lernen gleichzeitig wichtige Vokabeln. Für die Themen kannst Du Dich zum Beispiel bei Slow German (DE, *http://slowgerman.com/inhaltsverzeichnis/*) inspirieren lassen.

#16 Werde Komparse

Wenn Du in der Nähe von Aufnahmestudios wohnst, solltest Du vielleicht in Betracht ziehen, Komparse zu werden. Zwar kann es sehr lange dauern, bis Du einmal gefragt wirst (falls Du überhaupt gefragt wirst), doch wenn Du genommen wirst, kannst Du Dich auf eine in der Regel hohe Vergütung für einen geringen Arbeitseinsatz freuen.

#17 Erstelle einen Podcast

Etwas mehr Arbeit ist es, seinen eigenen Podcast herauszubringen. Dabei solltest Du Dir, genau wie bei einem Blog, sehr genau das Thema überlegen und möglichst viele Kooperations- und interessante Gesprächspartner einbinden. Je mehr Zuhörer Du hast, desto höher sind Deine Verdienstmöglichkeiten durch Werbepartner und eigenen, digitalen Produkten. Hierbei ist jedoch zu beachten, dass es in der Regel erst eine Zeit dauern wird, bis Du überhaupt einen Gewinn machst.

Geld anlegen

»Der sicherste Reichtum ist die Armut an Bedürfnissen.«

Franz Werfel

Es ist immer wieder verwunderlich, wie wenig Menschen die Gesetzmäßigkeiten des Geldes kennen, und dass jene, die es verstehen und diese Erkenntnisse in die Praxis umsetzen, plötzlich finanzielle Quantensprünge machen. Gerade die Geisteshaltung, Zeit müsse gegen Geld getauscht werden, musst Du ablegen, wenn Du wirklich finanziell frei werden willst.

Um diesen geistigen Wandel soll es im ersten Teil des abschließenden Kapitels gehen. Anschließend geben wir Dir einige konkrete Strategien an die Hand, wie Du schon morgen, mit einfachen und cleveren Anlagestrategien, Dein Geld für Dich arbeiten lassen kannst – und dies mit minimalem Aufwand und vollautomatisch! Damit Kapital für Dich arbeiten kann, musst Du den Gedanken loslassen, es kontrollieren zu wollen und jeden Cent selbst erarbeiten zu müssen. Geld will fließen. Damit es fließen kann, muss es in den Kreislauf zurückgelangen, sonst stockt es und blockiert die Gesamtzirkulation.

Nur wer gibt, kann bekommen und nehmen!

Aktives vs. Passives Einkommen

*»Die besten Dinge im Leben sind nicht die,
die man für Geld bekommt.«*
ALBERT EINSTEIN

Den Zusammenhang von Geld und Lebenszeit zu kennen ist fundamental. Bevor wir Dir praktische Möglichkeiten aufzeigen, wie Du passives Einkommen aufbauen kannst, müssen wir es genau definieren und von aktivem Einkommen abgrenzen. Bitte überspringe diesen Teil nicht, sondern bleibe geduldig. Sobald Du die grundlegende Funktionsweise und die Vorteile passiven Einkommens einmal verstanden hast, wirst Du geistig einen finanziellen Quantensprung machen.

Wir möchten dieses Kapitel mit einer interessanten Gegenüberstellung starten. Es soll Dich für den weiteren Weg inspirieren und motivieren:

	Lebenszeit vermieten (95% der Bevölkerung)	**Lebenszeit besitzen (5% der Bevölkerung)**
Aktives Einkommen	Selbstständige und Angestellte	Unternehmer
Passives Einkommen	-------------	Unternehmer und Investoren

Passives Einkommen

»Kapitalbildung muss durch Eigeninteresse angetrieben werden. Man kann Vermögen nicht mit Wohlwollen anlocken.«

Walter Bagehot

Passives Einkommen unterscheidet sich in diesen Aspekten fundamental von aktivem Einkommen. Die Limitierungen des aktiven Einkommens werden bei seinem passiven Gegenpart überwunden.

Passives Einkommen heißt einfach gesagt, dass Du Geld beziehungsweise Deine Ressourcen (Zeit, Kontakte, Kreativität, Entrepreneurship) für Dich arbeiten lässt, statt mit Deinen Ressourcen für Andere zu arbeiten. Das hat zur Folge, dass Dir passives Einkommen erlaubt, Geld zu verdienen, ohne dafür arbeiten zu müssen. Gerade zu Beginn sind aber Zeit und Aufwand notwendig, passive Einkommensströme aufzubauen. Sobald sie ins Rollen kommen, wirst Du dafür zunehmend weniger arbeiten (müssen) und immer mehr verdienen. Auf mittlere und lange Sicht zahlt sich diese Investition meistens aus.

Aber was macht passives Einkommen aus? Worin ist seine Überlegenheit begründet? Es sind vor allem die Eigenschaften Automatisierbarkeit und Skalierbarkeit, die für den entscheidenden Unterschied sorgen.

Automatisierbarkeit

Passives Einkommen ist Einkommen, das von Deiner eigentlichen Arbeitsleistung zeitlich entkoppelt ist. Das heißt, dass Du für Deine Arbeit – im Gegensatz zu aktivem Einkommen – nicht unmittelbar entlohnt wirst (und möglicherweise sogar nie!). Vielmehr schaffst Du mit Deiner zeitlichen Investition Werte, die von Anderen konsumiert bzw. in Anspruch genommen werden. Die Bezahlung durch passives Einkommen erfolgt somit verzögert. Dies solltest Du bei Deinem Vorhaben unbedingt beachten!

Dafür bietet die zeitliche oder finanzielle Investition in passives Einkommen die Chance, durch eine einmalige Arbeitsleistung, ein Leben lang (automatisiert) Geld zu verdienen. Automatisierst Du Geschäftsabläufe, dann sparst Du Dir Zeit und Geld, die Dich sonst unnötig binden würden. Schaffst Du es, das gesamte Kauferlebnis zu automatisieren, dann verdienst Du selbst wortwörtlich im Schlaf passives Einkommen. Je automatischer, desto sorgenfreier! Bei Dividenden von Aktienunternehmen ist es ähnlich: Die Dividende bekommst Du automatisch auf Dein Depotkonto ausgeschüttet, ohne dass Du zur Hauptversammlung gehen oder Dich anderweitig im gekauften Unternehmen engagieren müsstest.

Skalierbarkeit

Beim Aufbau eines passiven Einkommensstroms geht es nicht ausschließlich darum, Geld zu verdienen, während Du schläfst. Vielmehr ist Dein Ziel, sukzessive den Lohn pro Stunde zu erhöhen. Am Ende des Tages zählt im „Rennen zur finanziellen Freiheit“ nämlich nicht einzig und allein, wie viel Du im Monat absolut verdienst. Es zählt sehr viel mehr, wie hoch Dein Lohn pro Arbeits- oder Lebensstunde ist und ob Du in der Lage bist, diesen (mit oder ohne zusätzliche Arbeit) beliebig weiter zu erhöhen!

Passives Einkommen lebt von der Skalierung der Arbeitsleistung. Mithilfe später vorgestellter Strategien, kannst Du einmalig investierte Arbeitszeit unendlich oft verkaufen, bzw. für einmalig investiertes Kapital unendlich lange Zahlungen erhalten. Je mehr Zeit und Kapital Du in passives Einkommen investierst, umso größer wird auch der Skalierungsfaktor. Genau diese exponentiell verlaufende Funktion nutzen wir, wenn wir passives Einkommen beziehen.

Ein Beispiel

Man stelle sich nur eine Band vor, die vor 20 Jahren ein „One Hit Wonder“ gelandet hat. Sie erhält dafür noch heute Tantiemen, und zwar jedes Mal, wenn ihr Song im Radio gespielt wird – lebenslang. Oder stelle Dir eine Oma vor, die vor 50 Jahren VW-Aktien erworben hat. Ihr Geld hätte sich heute, durch Dividenden und Kursgewinne, vervielfacht. Das Schöne am passiven Einkommen ist, dass es unendlich skaliert werden kann.

Worauf solltest Du ein besonderes Augenmerk legen?
Skalierung erfolgt durch Multiplikation beziehungsweise exponentielle Vergrößerung. Wir wissen, das klingt ziemlich abgehoben, ist aber gerade für Dein finanzielles und berufliches Leben ungemein wichtig. Ohne Skalierung funktioniert der Aufbau passiven Einkommens nur bedingt. Es geht darum, Deine einmalig investierte Zeit zu „speichern" oder zu „multiplizieren". Ist eine Tätigkeit abgeschlossen oder ein Projekt beendet, ist Deine Zeit darin verschluckt und Deine eingebrachte Arbeitskraft nicht mehr länger ersichtlich. Hättest du diese investierte Zeit jedoch, z. B. in Form eines Videos, einer Audioaufnahme oder einer schriftlichen Zusammenfassung, konserviert, könntest Du diese Expertise nun (unendlich oft) weiterverkaufen. Dasselbe gilt für investiertes Kapital. Einmal investiert, kann es sich theoretisch und praktisch unendlich häufig vermehren.

Gerade die Konservierung geleisteter Arbeitszeit kommt aus unserer Sicht in einer digitalisierten Welt noch immer zu kurz. Wissen und Erfahrung gehen verloren, weil wir diesen Übergang, von analog zu digital, geistig noch nicht verarbeitet haben. Das wiederum sorgt für redundante Tätigkeiten, schlicht, weil eine (digitale) Dokumentation fehlt. Dabei könnten wir gerade in diesem Bereich, überall auf der Welt, enorm viel Zeit gewinnen und unnötige Arbeitsschritte reduzieren. Das würde die Produktivität erhöhen und zudem für ein gesünderes Wirtschaftswachstum sorgen.

Was passives Einkommen nicht ist

Werde jetzt aber nicht zu euphorisch! Denn eines der größten Missverständnisse in Bezug auf passives Einkommen ist, dass es Geld sei, für das man nicht (mehr) arbeiten muss. Vor allem zu Beginn wirst Du, je nachdem, für welche passive Einkommensart Du Dich entscheidest, eher viel und hart dafür arbeiten müssen. Denke stets daran, dass sich passives Einkommen vor allem durch Automatisierung und Skalierung auszeichnet.

Bei Kapitalinvestitionen nutzt Du die Wirkung von Skalierung am effizientesten. Dafür muss Dir allerdings auch freies Kapital zur Verfügung stehen. Bei passivem Einkommen durch aktive Arbeit hingegen, musst Du vor allem zu Beginn Zeit und Arbeit investieren. Die meisten passiven Einkommensquellen verlangen darüber hinaus eine regelmäßige Beobachtung und Überprüfung. Häufig trocknet der Fluss des passiven Einkommens nämlich aus, sobald Du nicht mehr weiter Energie, sprich Zeit und Arbeit, investierst.

Passive Einkommensquellen aufzubauen kann möglicherweise viel härter sein, als für aktives Einkommen zu arbeiten. Doch das sollte Dich unter keinen Umständen abschrecken.

Bei passivem Einkommen arbeitest Du bzw. Dein Geld ausschließlich für Dich. Deine Bemühungen fließen zu 100 Prozent in Deine Taschen und Du musst Deine Leistung nicht mit Anderen, zum Beispiel Aktionären, die einen Teil des Unternehmensgewinns abschöpfen, teilen. Beginne daher, Dich als Entrepreneur für passives Einkommen zu sehen. Du bist ein Unternehmer, der dabei ist, sich einen kleinen Geldbaum zu züchten. Wie jede Pflanze benötigt auch Dein Geldbaum gerade zu Beginn Deine volle Aufmerksamkeit, Zeit und Hingabe. Im Laufe der Zeit bildet er jedoch ein kräftiges Wurzelwerk aus und wächst zu einem stabilen Stamm mit vielen Ästen und unendlich vielen Blättern heran. Je länger Du Deinen Geldbaum pflegst, umso mehr Geldscheine wird er hervorbringen und umso stabiler wird er später sein. Dann kommt er vielleicht sogar ganz ohne Deine Hilfe aus.

Zum Verständnis haben wir eine Grafik angefertigt, die den Unterschied zwischen aktivem und passivem Einkommen veranschaulicht. Auf der y-Achse (links) sind fiktive Zahlenwerte für Dein Einkommen (in Tausend Euro) angegeben. Auf der x-Achse findest Du den Zeitverlauf (in Jahren).

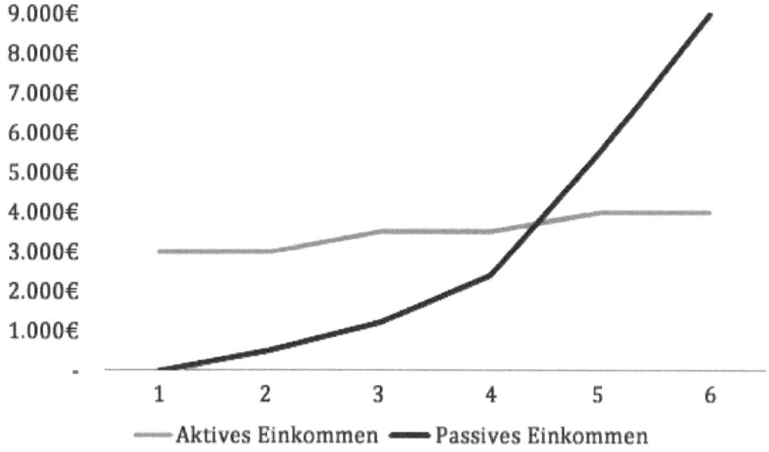

Auf den ersten Blick sollte ersichtlich sein, dass aktives Einkommen, als Angestellter bzw. Selbstständiger, von Dir zwar positiv beeinflusst werden kann, eine Steigerung jedoch langsam und schrittweise abläuft. Dafür steigst Du bereits auf einem gewissen Niveau ein. Die Grafik des passiven Einkommens zeigt, dass sich Deine monetären Belohnungen gerade während der Aufbauphase in Grenzen halten. Du beginnst bei Null. Mit fortlaufender Zeitdauer nimmt die Kurve dann jedoch einen exponentiellen Verlauf an und Dein monatliches Einkommen strebt – abhängig von Deinen Zielen und Bemühungen – gegen unendlich.

Trick: In wenigen Jahren zum Millionär

»Geld ist geprägte Freiheit.«

FJODOR MICHAILOWITSCH DOSTOJEWSKI

Mit seinem Buch „The Millionaire Fastlane" hat MJ DeMarco vor einigen Jahren eine kleine Revolution ausgelöst. Er verrät darin die Formel, die Millionäre nutzten, um zu Reichtum und Wohlstand zu gelangen. Eine Formel, die auch ihn, innerhalb weniger Jahre, zum Millionär machte. Eine Formel, deren Mechanismus wir aus eigener Erfahrung bestätigen können, die Allgemeingültigkeit besitzt und die wir als persönlichen „Geldbaum" bezeichnen.

Was ist dieses große Geheimnis?

Der Trick besteht darin, zwei passive Einkommensquellen miteinander zu verbinden. Passives Einkommen aus einem eigenen (Online-)Unternehmen und passives Einkommen aus Investitionen (Geld arbeiten lassen). Während das passive Einkommen aus Geld (durch Investitionen) durch den Zinseszins-Effekt für Liquidität und Sicherheit sorgt, erzeugt ein eigenes (Online-)Unternehmen, den notwendigen Cashflow, um stetig wachsende Investitionen zu füttern.

Damit das gelingt, müssen wir als erstes den Zinseszins-Mechanismus und das doppelte Gesicht der Inflation verstehen, um die Verwandlung vom Schuldner zum Gläubiger vollziehen zu können. Anschließend müssen wir mit einem eigenen Unternehmen die Bedürfnisse eines bestimmten Marktes decken, um den Übergang vom Angestelltem zum Ansteller bzw. vom Konsument zum Produzent zu gewährleisten. Im dritten Schritt kombinieren wir dann beide Einkommensquellen und pflanzen einen schönen Geldbaum, der uns ein konstant wachsendes Einkommen erzeugt – egal ob Sommer oder Winter, ob 12 Uhr mittags oder 2 Uhr nachts, ob wir am Strand in der Karibik liegen oder im Büro Zeitung lesen.

Zinseszins-Effekt

»Der Zinseszins-Effekt ist das achte Weltwunder.
Derjenige, der ihn versteht, verdient ihn
wer ihn nicht versteht, bezahlt ihn.«
ALBERT EINSTEIN

Schon als kleine Kinder wird uns beigebracht, dass das Börsenspiel mit großem Risiko behaftet und für uns „Ottonormalbürger" ohnehin keines sei, an dem wir uns beteiligen sollen. Viele Menschen glauben das. Sie glauben, dass es, um an der Börse erfolgreich zu sein, entweder einen Informations- respektive Wissensvorsprung braucht, oder wenigstens ein glückliches Händchen. Während das bei aktiven Tradern zu einem gewissen Teil richtig sein mag, trifft es auf uns, den passiven Privatanleger, nicht zu.

Wir spielen eine andere Strategie am Finanzmarkt. Wir haben kein Interesse daran, als kleiner David gegen den mächtigen Goliath anzutreten. Dieses Spiel können wir nur verlieren. Wir haben schlicht nicht die Größe (Kapitalstärke) noch die Waffen (Technologie), um mitzuhalten. Als passive Privatanleger sollten wir nur eines von zwei Zielen verfolgen – oder sogar beide zugleich:

- Vermögensaufbau und Liquidität durch die Kraft des Zinseszinses.
- Aufbau eines wachsenden passiven Nebeneinkommens.

Die beste Strategie, sich langfristig und ohne große eigene Mühen ein Vermögen aufzubauen, ist auf die Kraft des Zinseszinses durch die Wiederveranlagung von Zinsen zu setzen. Genau das erreichen wir beispielsweise durch langfristige Investitionen in thesaurierende ETFs, P2P-Kreditplattformen, Anleihen-Leitern (Bond-Ladders) oder Dividendenaktien. Wir reduzieren damit die Gefahr, Geld durch kurzfristige Schwankungen zu verlieren. Der Zinseszins-Effekt wurde lange als unmoralisch angesehen. Einige römische Gesetze verurteilten ihn im 15. und 16. Jahrhundert sogar. In dem Buch, „Tag auf Tag im Hamsterrad" eruieren wir die oben geschilderte Sachlage, dass Zins- und Zinseszins den Ruf nach Wirtschaftswachstum erzwingen und Vermögen dramatisch umverteilen. Nichtsdestotrotz sind sie, im gegebenen System, die beste Möglichkeit, sich ohne große Mühen ein Vermögen aufzubauen. Um den exponentiellen Charakter des Zinseszins-Effektes zu veranschaulichen, greifen wir daher auf zwei Beispiele aus meinem Buch zurück (S. 77f.).

„Der Ur-Ur-Ur-Ur-Ur-Großvater von Rainer Zufall – Rainer Pfiffig – hätte im Jahre Null für dessen Nachfahren einen einzigen Cent angelegt. Pfiffig war clever und verstand es, einigermaßen zu feilschen. Er konnte also bei der örtlichen Bauernbank einen Zinssatz von fünf Prozent aushandeln. Die Zugangsdaten zum Geheimsafe werden über Generationen von Papa Rainer zu Sohn Rainer weitergegeben. Heute, 2016, erinnert sich Rainer Zufall an das Konto und sucht aufgeregt das uralte Dokument. Auf dem Dachboden seines Kuhstalls wird er fündig. Sein Herz springt ihm fast aus der Hose, so aufgeregt ist er. Rainer sprintet zum Computer und fährt ihn hoch. Dann loggt er sich auf den Online-Account der Bauernbank ein. Die Zahl die er erblickt ist so groß, dass er einen Nervenzusammenbruch bekommt und der Computer explodiert. Wie viel Geld mag sich nur angesammelt haben?

52.194.762.406.749.596.188.226.011.368.141.170.409.472 EUR (= 52 Sechstilliarden EUR), eine 52 mit 39 Nullen! Anders ausgedrückt ca. 70 Milliarden Erdkugeln oder anders ausgedrückt ca. 53.000 Sonnen aus purem Gold!

Für alle die den Rechenweg vergessen haben oder ungläubig anzweifeln: Es handelt sich hierbei um eine Exponentialfunktion, deren Berechnung ziemlich simpel ist.

Die allgemeine Formel zur Berechnung des Zinseszinses lautet:

$$K * \left(1 + \frac{p}{100}\right)^{x}$$

p = Zins
K = Ausgangskapital
x = Jahre

Interpretiert: Ausgangskapital mal (Kontostand nach einem Jahr in Prozent) hoch die Anzahl der Jahre, die angelegt wird.

Zur Veranschaulichung: Im Jahre 95 wäre ein Euro hinzugekommen, sprich das Startkapital hat sich nach 95 Jahren verhundertfacht. Im Jahre 142 wären es 10 EUR gewesen. Im Jahre 378 wären daraus bereits eine Million Euro geworden! Bereits um das Jahr 700 wäre alles Gold der Welt aufgebraucht! Etwa im Jahre 1500 ist das erste Erdgewicht in Gold entstanden. 1929 sind es dann eine Milliarde Erden aus purem Gold gewesen. Und heute, 2018, sind aus einem einzigen Cent etwa 77 Milliarden Erdkugeln aus purem Gold geworden!"

Es ist unglaublich wichtig, diesen Mechanismus zu verstehen, wie ein zweites Beispiel zeigt:

„Rainer Zufall wird befördert. Er soll Oberkuhmelker in der Methan-Milch GmbH mit einem Einjahresvertrag werden. Sein künftiger Chef fragt ihn nach dessen Gehaltsvorstellung. Da Rainer das exponentielle Wachstum verstanden hat, schlägt er seinem Chef folgendes vor. »Ich möchte nicht viel. In der ersten Woche verlange ich nur einen Cent. Anschließend verdoppeln Sie mein Gehalt jede Woche. Also zwei Cent in der zweiten Woche und vier Cent in der dritten usw. Ein Jahr lang. Wenn Sie nicht einverstanden sind, verlange ich 1.000 EUR pro Woche!« Welches Gehaltsmodell wird der Chef der Methan-Milch GmbH Rainer zugestehen? Vermutlich Nummer eins. Rainer Zufall würde durch seine Cleverness zum reichsten Mann im Universum werden. In nur einem Jahr wäre er um stolze 22,5 Billionen Euro reicher! Im Gegensatz dazu hätte Rainer bei 1.000 EUR pro Woche am Jahresende »lediglich« 52.000 EUR verdient. Bereits in der 23. Woche hätte Rainer also mehr verdient als im anderen Gehaltsmodell nach einem ganzen Jahr!"

Beide Beispiele sind nicht nur extrem beeindruckend, sondern verdeutlichen auch, dass der Zinseszins-Mechanismus allein von zwei Faktoren abhängig ist. Diese gilt es von nun an zu optimieren. Selbst ausprobieren kannst Den Zusammenhang von Zeitdauer und Zinssatz im Hinblick auf das

Wachstum von Vermögen zeigt folgende Grafik:

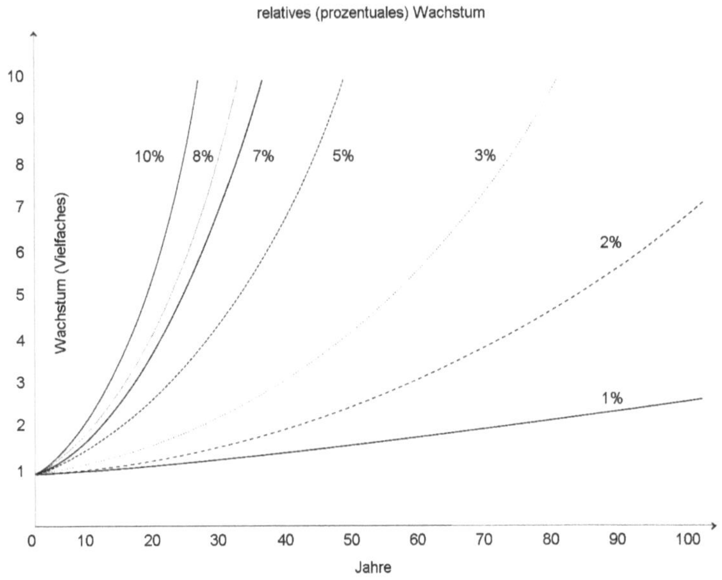

Faktor #1: Zeit (Dauer)

Je länger Du den Zinseszins-Mechanismus wirken lässt, umso größer wird der Effekt, den er entfaltet. Die x-Achse bildet 10-Jahres-Abstände ab. Du siehst, dass der Zinseszins seine ganze Kraft erst über eine gewisse zeitliche Dauer entfaltet.

Faktor #2: Zinssatz

Der zweite Faktor ist die Höhe des Zinssatzes. Je höher der Zinssatz, zu dem ein Betrag verzinst wird, umso schneller verdoppelt sich der Betrag. Je höher Dein Guthabens-Zinssatz, umso schneller kannst Du von der Verdopplung durch den exponentiellen Charakter des Zinses profitieren.Konsequenzen?

Insbesondere Faktor #1 zeigt auf, weshalb Du den Zinseszins-Mechanismus bereits so früh wie möglich für Dich nutzen solltest. Je früher Du damit anfängst „das Geld für Dich arbeiten zu lassen“, umso stärker wird der Effekt. Anhand des Faktors #2 wird ersichtlich, dass Du einen Betrag umso schneller verdoppelst, umso höher der Zinssatz ist. Aber Achtung: Je höher der Zinssatz, umso höher auch das Risiko!

Exponentielles Wachstum, wie beim Zinseszins, erzeugt einen Effekt der Verdopplung. Je nach Kombination der Faktoren verdoppelt sich ein gewisser Betrag innerhalb einer gewissen Zeitspanne. Wie eine Lawine nimmt der Zinseszins immer mehr Geld in sich auf, das sich dann wiederum verzinsen und schließlich verdoppeln kann. Genau deshalb sollte es unser Ziel sein, beide Effekte gleichzeitig zu maximieren. Den Zeiteffekt maximierst Du, indem Du noch heute damit beginnst, den Zinseszins-Effekt zu nutzen. Den Zinseffekt maximierst Du, indem Du eine intelligente Streuung Deiner Investitionen tätigst und damit eine möglichst hohe Rendite (bei adäquatem Risiko) erzielst. Umgekehrt gilt natürlich, dass der negative Zinseszins unbedingt zu vermeiden ist. Vielleicht kennst du seine Kraft ja aus dem Dispo. Wenn Du immer nur einen Teil Deiner Disposchulden zurückzahlst, wird die Schuldenlast insgesamt trotzdem immer größer. In diesem Fall arbeitet der Zinseszins-Effekt gegen Dich!

Automatisch reich werden? Ist das realistisch?

Nehmen wir an, Du investierst heute 100 Euro zu 10 Prozent Zinsen. Dann hat sich dieser Betrag bereits in 7 Jahren verdoppelt. Während Du im ersten Jahr 10 Euro Zinsen erhältst, sind es im dritten Jahr bereits 12,10 Euro. Die Differenz von 2,10 Euro entsteht durch erneute Verzinsung Deiner bereits gutgeschriebenen Zinsen. Den genauen Verlauf Deines hypothetischen Vermögensaufbaus kannst Du folgender Tabelle entnehmen.

Wir hoffen, Du hast für den Zinseszins-Effekt ein Gefühl bekommen. Dieses Gefühl ist so wichtig, weil es kaum möglich ist, den lawinenartigen Charakter des Zinseszinses logisch zu verstehen. Dafür ist er einfach zu gigantisch – zumindest geht es uns so. Aber wir haben verstanden, dass es vor allem der Zinseszins-Effekt ist, der dafür sorgt, dass die Reichen immer reicher werden und die Armen entweder gleich arm bleiben oder sogar ärmer werden müssen (z. B. durch Inflation).

Jahr	Startbetrag	Jährliche Zinsen	Endbetrag
1	100	10	110
2	110	11	121
3	121	12.1	133.10
4	133.10	13.31	146.41
5	146.41	14.64	161.05
6	161.05	16.11	177.16
7	177.16	17.72	194.87
8	194.87	19.49	214.36
9	214.36	21.44	235.79
10	235.79	23.58	259.37
11	259.37	25.94	285.31
12	285.31	28.53	313.84
13	313.84	31.38	345.23
14	345.23	34.52	379.75
15	379.75	37.97	417.72
16	417.72	41.77	459.50
17	459.50	45.95	505.45
18	505.45	50.54	555.99
19	555.99	55.60	611.59
20	611.59	61.16	672.75

Millionäre haben nur wenige, dafür jedoch essentielle Dinge anders gemacht als der Rest. 516 Sparraten à 430,44€, bei 6 Prozent Zinsen, machen Dich in 43 Jahren zum Millionär. Das Spannende ist, dass sich dieser Betrag aus Zinsen, Zinseszinsen und dem eingezahlten Sparbetrag zusammensetzt. 222.107,04€ sind selbst eingezahlt, während 777.899,30€ aus Zins- und Zinseszins entstanden sind! Es kann also wirklich jeder Millionär werden, wenn er nur entsprechend spart und investiert!

Damit wird das facettenreiche Ziel des Investierens klar:

- Als Erstes wollen wir unser hart erarbeitetes Geld vor dem durch Inflation ausgelösten Wertverlust schützen.
- Darüber hinaus wollen wir damit für die Zukunft bauen und ein Vermögen anhäufen.
- Last but not least wollen wir damit sukzessive immer größere passive Einkommensströme aufbauen, die schließlich groß genug sind, um nicht länger gezwungen zu sein, arbeiten gehen zu müssen

Was dafür wichtig ist?

- Früh anfangen, um den Faktor Zeit maximal auszunutzen.
- Möglichst hohe Rendite bei angemessenem Risiko.
- Thesaurierende ETFs, P2P-Kreditvergabe, Aktiensparpläne zum Vermögensaufbau.
- Ausschüttende ETFs, Dividendenaktien, P2P-Kreditvergabe, Crowdinvesting, Immobilien für den Aufbau passiven Einkommens.

Wenn wir uns ein Vermögen aufbauen und es schützen wollen, müssen wir unter anderem auf den Zinseszins-Effekt setzen. Für uns spielt es eine untergeordnete Rolle, ob und um wie viel der Kurs in einem Jahr steigt. Solange er langfristig steigt und vor allem Dividende erzeugt, sorgt er im nächsten Jahr für einen überproportionalen Anstieg der Zinsen durch den Zinseszins-Effekt. Inwiefern wir damit vom Verlierer durch die Geldentwertung (Inflation), zum Gewinner werden, erklären wir Dir im folgenden Kapitel.

So profitierst Du von der Inflation..

»Inflation ist, wenn die Brieftaschen immer voller und die Einkaufstaschen immer leerer werden.«

ROBERT ORBEN

Die Inflation ist, wie wir bereits festgestellt haben, ein Phänomen, das in der breiten Gesellschaft vollkommen missverstanden und fälschlicherweise negativ dargestellt wird. Die meisten Menschen machen es sich einfach, schreien laut auf und zeigen schimpfend mit dem Finger auf Vater Staat. Auch wir habe das lange getan. Schließlich sorgt er, bzw. zum Teil private Zentralbanken (das bekannteste Beispiel ist die Fed in den USA) dafür, dass das Geld mit jedem Tag an Wert verliert. Aber bringt uns das weiter? Nein. Wir können stattdessen aber auch unseren Hintern hochbinden und auf die Seite der Gewinner wechseln – und zwar einfacher als gedacht!

Eine Studie des deutschen Aktieninstituts hat ergeben, dass Personen, die seit 1950 Aktien des DAX gehalten haben, zu keinem Zeitpunkt, im Mittel über 13 Jahre, Verluste machen konnten (Mehr dazu in unserem Buch „Einmal Dividende bitte!"). Der Aktienmarkt verzeichnet, über eine Zeitspanne von 20 Jahren, fast immer Gewinne – ganz egal wie dramatisch die Krisen sind. Dieses Phänomen kann nur mit „Inflation“ (Geldmengenausweitung) der Notenbanken erklärt werden! Würde das Geld, das seit der sogenannten Euro-Schuldenkrise von der Europäischen Zentralbank (EZB) in die Märkte gepumpt wird, nämlich eins zu eins in der Realwirtschaft ankommen, hätten wir schon lange eine Hyperinflation wie 1929. Damals konnte Papiergeld nur noch zum Heizen verwendet und in Schubkarren gegen vermeintliche Billiggüter getauscht werden. Die Frage ist also: Wo landet die von den Zentralbanken ausgebrachte Geldmenge? Der Großteil der von Notenbanken physisch erzeugten und durch die Kreditvergabe der Privatbanken digital gehebelten Geldmenge (physisch = Bargeld; digital gehebelt = Giralgeld) fließt in die Finanzmärkte.

Die wahre Preissteigerung ist deshalb an den Finanzmärkten zu beobachten. Im Fachjargon spricht man von „Asset Price Inflation“. Von einer Aufblähung der Preise von Vermögensgegenständen, sogenannten

Assets. Dazu zählen Wertpapiere wie z. B. Aktien, Anleihen Indexfonds und ETFs aber auch Bitcoins. Mit einem kleinen Unterschied. Die Preissteigerung von Wertpapieren ist für den Inhaber des jeweiligen Papiers positiv. Sie bedeutet einen Anstieg des Kurswertes des Papieres und damit einen potentiellen Gewinn beim Verkauf. Inflation (Geldmengenausweitung) treibt die Preise am Aktienmarkt. Genau davon profitieren die Inhaber von Wertpapieren. Wer in den 80er Jahren in DAX-Papiere investiert hat, freut sich heute über Kursanstiege von mehreren Tausend Prozent.

Dass sich dieser Trend, mit regelmäßigen Rücksetzern, fortsetzt, ist mehr als wahrscheinlich. Nun ist die deutsche Volkswirtschaft seit den 80er Jahren ja aber nicht um mehrere Tausend Prozent gewachsen. Der DAX spiegelt allerdings die Entwicklung der stärksten deutschen Unternehmen. Wie ist der Verlauf also zu erklären? Genau hier kommt Inflation ins Spiel. Im Jahr 1971 löste der US-amerikanische Präsident Richard Nixon die Bindung des US-Dollars an das Gold auf. Seither nimmt die Geldmenge auf unserem Planeten in exponentiellem Tempo zu, da kein physischer Gegenwert mehr existiert und Papiergeld unbegrenzt gedruckt werden kann. Zum besseren Verständnis haben wir das exponentielle Wachstum der US-amerikanischen Geldmenge in Mrd. US-Dollar dem DAX-Punktestand zum Jahresende grafisch gegenübergestellt. Das Ergebnis hat uns selbst verblüfft.

Die Grafik veranschaulicht, wie das moderne Geldsystem zu einer stetigen Ausweitung der Geldmenge führen muss und damit parallel die Aktienmärkte befeuert. Je mehr Geld auf der Welt gedruckt wird und in die Aktienmärkte fließt, umso größer wird die „Asset Price Inflation". Während wir als Konsumenten und Geringzinssparer die großen Verlierer der Inflation sind, profitieren wir als Geldverleiher, Kapitalgeber und Investoren extrem von ihr. Darüber hinaus geben stetig steigende Wertpapierpreise dem Zinseszins-Effekt einen weiteren Schub. Auf diese Weise gewährleisten wir also nicht nur Sicherheit und Liquidität, sondern schaffen uns eine Maschine, die für uns den passiven Vermögensaufbau und den Aufbau eines monatlichen passiven (Neben-) Einkommens übernimmt.

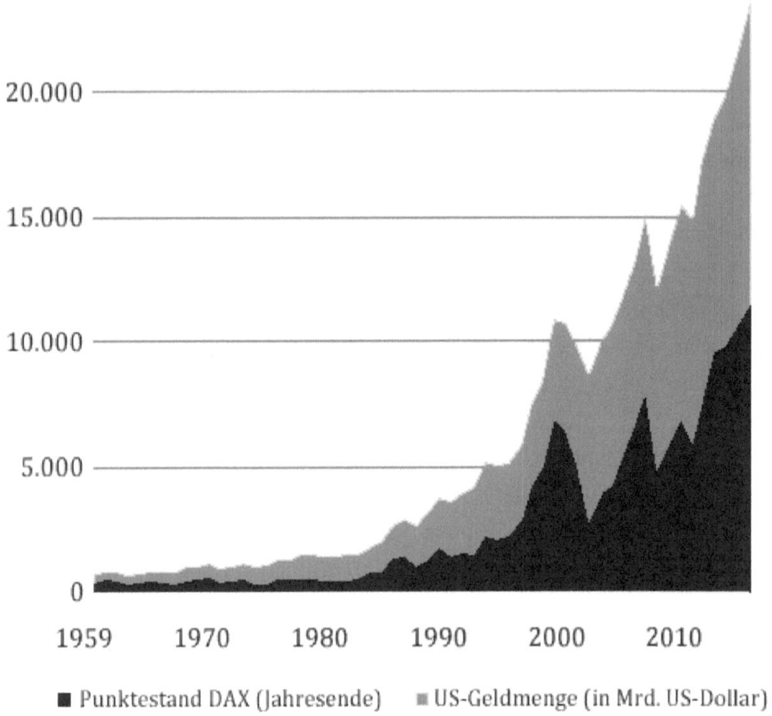

Wir wissen, das klingt fast zu einfach und zu offensichtlich, um wahr zu sein. Wir glauben allerdings fest daran, dass es genau daran liegt, weshalb diese Informationen den meisten Menschen verborgen bleiben werden. Die Wenigsten wollen sie wahrhaben! Schließlich müssten sie dann statt mit dem Finger auf andere zu zeigen und zu schimpfen, selbst mit dem Handeln zu beginnen.

Verantwortung für die persönliche finanzielle Situation zu übernehmen ist ein wesentlicher Teilaspekt der finanziellen Freiheit. Vor allem dann, wenn man dies 35 Jahre vor allen anderen erreichen will!

Geld anlegen und investieren

»Die beiden schwersten Sachen an der Börse sind, einen Verlust hinzunehmen und einen kleinen Profit nicht zu realisieren.«

André Kostolany

Dieses Buch ist eine Schnellstartanleitung, Deinen eigenen Geldbaum zu pflanzen. Nachdem Du den Zinseszins-Mechanismus sowie Asset Price Inflation verstanden hast, geht es jetzt daran, die Seiten zu wechseln. Wir wollen vom Konsumenten und Inflationsverlierer zum Investor und Inflationsgewinner werden. Nützlich werden Dir hierbei die ersten beiden gratis PDF-Reports am Anfang des Buches (Dein Bonus) sein.

Beginne, noch heute, Deinen selbstwachsenden Geldbau zu gießen. Alles was Du hierfür tun musst, ist einen – am besten konstant wachsenden – Teil Deines monatlichen Einkommens zu investieren. Als passive Investoren interessieren uns aber lediglich jene Anlageklassen, die nur wenig unserer freien Zeit in Anspruch nehmen. Sonst verwandeln wir es ja wieder in aktives Einkommen. Haben wir diesen Teil unseres Geldbaums erreicht, wächst dieser, ganz von alleine vor sich hin und schafft uns ein Vermögen und sorgt für unsere Liquidität und Sicherheit. Unser Geldbaum besteht zum Teil aus einer Mischung aus Investitionen in ETFs, P2P-Plattformen, Crowdinvesting-Plattformen und Kryptowährungen. Erstere beiden stelle ich Dir hier etwas näher vor. Mehr zu Crowdinvesting respektive Kryptowährungen erfährst Du in meinen anderen Büchern.

Anschließend können wir uns dem zweiten, deutlich zeitaufwändigeren, aber auch mehr Gewinn versprechendem Teil unseres Geldbaums widmen – unserem (Online-)Business.

ETFs

Indexfonds, auch als ETFs bekannt, sind eine geniale Möglichkeit, als passiver Investor vom Finanzmarkt zu profitieren. Sie bieten hohe Transparenz, bei einem überschaubaren Risiko (durch breite Diversifikation) und hoher Passivierbarkeit. Damit eignen sie sich hervorragend für unseren Geldbaum. Als Beginner solltest Du Dir allerdings einige Fragen stellen, bevor Du erste ETF-Investitionen tätigst. Für den Schnellstart habe ich, Chris, Dir eine Checkliste erstellt, die Dir dabei helfen, die wichtigsten Punkte zu klären. Nähere Erläuterungen erhältst Du in unserem Buch „Die Faulbär-Strategie zur Million".

1. Welches Ziel verfolgst Du?

- Passives (Neben-)Einkommen => ausschüttende ETFs
- Mittel- bis langfristiger Vermögensaufbau => thesaurierende ETFs

2. Welchen Anlagezeitraum hast Du im Blick?

- Um den Aufwand so gering wie möglich zu halten mind. 5 Jahre.

3. Möchtest Du monatlich oder einmalig investieren?

- Dynamischer ETF-Sparplan oder (regelmäßige) Direktinvestition(en). Wähle den dafür optimalen (kostenlosen) Depot-Anbieter aus (Bonus-PDF). Als passiver Investor ist ein ETF-Sparplan ideal.

4. Wie viel kannst und willst Du in ETFs investieren?

- Je mehr und je häufiger, umso besser. Bei vielen ETF-Sparplänen kannst Du übrigens eine Dynamisierung Deiner Sparrate einstellen.

5. Mit welchem ETF-Emittent möchtest Du arbeiten (ist er solvent und hat ein großes Angebot), sind die Ordergebühren kostenfrei und sind die angebo-

tenen ETFs groß genug (Fondsvolumen > 100 Mio. Euro)? Wie hoch sind die laufenden Kosten der ETFs (TER)?

6. Wie willst Du Diversifikation bzw. Asset Allokation gewährleisten?

- Investiere in Länderindizes, um das Länderrisiko zu minimieren.
- Investiere in Branchenindizes, um weiter zu diversifizieren.
- Investiere in Geldmarkt- und Renten-ETFs, um die Inflation auszugleichen und das Gesamtrisiko zu senken (risikoarme ETF-Anteile).

7. Wie und wann möchtest Du Dein Portfolio neu gewichten?

- Rebalancing für Faulbären einmal jährlich ausreichend.

8. Hast Du einen Freistellungsauftrag für Dein Depot eingerichtet?

- Am besten unmittelbar nach Depoteröffnung unter Angabe Deiner Steueridentifikationsnummer. Gib Deine Kapitalerträge in Deiner Steuererklärung an. Auf der Webseite Gevestor.de findest Du Steuertipps. Ziehe bei Unsicherheit einen Steuerberater hinzu.

9. Halte Deine Füße still und sei passiv!

- Überprüfe Deinen Portfoliowert nicht ständig. Dich einmal monatliche daran zu erfreuen reicht völlig. Je häufiger Du auf Dein Depot blickst, umso mehr wird Dein passives Einkommen zu aktivem und umso stärker involvierst Du Dich emotional. Letzteres führt nicht selten zu überhasteten Verkäufen und ist der Hauptgrund, weshalb die meisten Privatanleger an der Börse scheitern.

Solange Du diese Schritt-für-Schritt Checkliste einhältst, bist Du auf einem soliden Weg, Faulbär-Millionär zu werden.

Mein Portfolio (Chris):

- Ich bin ein Faulbär und daher passiver ETF-Investor.
- Ich arbeite fast ausschließlich mit (gebührenfreien) ETF-Sparplänen und investiere mehrere Hundert Euro monatlich. Gehaltserhöhungen bzw. Bonus-Zahlungen nutze ich für zusätzliche (gebührenfreie) Direktinvestitionen.
- Ich nutze sowohl thesaurierende als auch ausschüttende ETFs - und zwar in einer 50:50 Aufteilung. Damit baue ich sowohl Vermögen als auch passives Nebeneinkommen auf.
- Die Ausschüttung erfolgt auf Referenzkonto, das ich nicht anfasse. Dadurch erzeuge ich Liquidität für Krisenzeiten und Startkapital für konkrete Projekte in der Zukunft.
- Ich erhöhe meine monatliche ETF-Investitionssumme jährlich um 10 Prozent.
- Ich investiere fast ausschließlich in ethisch-soziale bzw. ökologisch-nachhaltige ETFs, sowie in den DivDAX und den MSCI World.
- Ich „rebalance" mein Portfolio einmal jährlich.

P2P-Kredite

Die Digitalisierung der Finanzbrache ist auf allen Ebenen sichtbar. Somit hat auch die Kreditvergabe eine ganz neue Wendung erfahren. Das zeigt sich in der beeindruckenden Entwicklung des sogenannten „peer-to-Peer Lendings" (P2P). Peer-to-Peer Lending ist hierzulande noch kaum bekannt. Dabei bietet die P2P-Kreditvergabe eine Möglichkeit, hohe Renditen mit einem durchaus sozialen Charakter zu verbinden und dabei den Banken sogar ein Schnippchen zu schlagen.

P2P-Kredite sind Direktkredite von Privatperson zu Privatperson. Die Transaktionen werden über digitale Plattformen abgewickelt und machen damit Banken (und ihre teils horrenden Gebühren) für den Verleihprozess nahezu überflüssig. Wie überall in der Wirtschaft herrscht auch bei der Kreditvergabe das Grundprinzip von Angebot und Nachfrage.

In vielen Ländern herrscht eine hohe Nachfrage nach Krediten, doch das Angebot lässt häufig zu wünschen übrig. Während ein Kredit mit 10 Prozent Zinsen in Litauen oder Spanien ein gutes Geschäft für den Kreditnehmer bedeutet, können wir hierzulande derartige Renditen nur durch hochriskante Geschäfte erzielen. Es entsteht damit eine Situation, von der beide Seiten profitieren können.

Die Funktionsweise von P2P-Krediten in 3 Schritten

1. Im ersten Schritt musst Du auf einer oder mehrerer Deinen Präferenzen am besten komplementierenden Plattformen ein Konto eröffnen. Anschließend kannst Du dort, unter Verwendung Deiner Investoren-ID, Geld per Überweisung einzahlen.

2. Dein Geld kann nun als Kredit an Dritte, über sogenannte Anbahner, vergeben werden. Das geschieht entweder manuell, indem Du die Kredite und Kreditnehmer analysierst und enscheidest, ob Du Dein Geld dort unterbringen möchtest, oder mithilfe der Autoinvest-Funktion.

3. Solltest Du Dein Geld eines Tages wiederhaben wollen, kannst Du es Dir auf Dein Konto überweisen. Möchtest Du Kredite liquidieren, hast Du zwei Möglichkeiten. Du kannst warten, bis die Kredite zurückgezahlt (Zinsen + Tilgung) worden sind, und Dir das Geld ausbezahlen. Hierfür ist es wichtig, dass Du die Autoinvest-Funktion deaktivierst. Du kannst Deine Kredite aber auch sofort am Sekundärmarkt verkaufen und damit zügiger an Dein Geld kommen. Dies geht jedoch häufig mit Verlusten einher!

Die wichtigsten Begriffe im P2P-Investing erklären ich Dir in unserem Blogartikel auf: *www.finanzpreneur.com/passives-einkommen-mit-p2p-krediten/*

Meine Tipps für cleveres P2P-Investing

1. Investiere nicht mehr als 5% Deines Vermögens auf einer einzigen Plattform. Du hast bei P2P-Plattformen nämlich meistens ein dreifaches Risiko. Plattformen, Darlehensanbahner und Kreditnehmer können ausfallen! Diversifiziere unbedingt über mehrere Plattformen, um das Plattform-Risiko zu reduzieren.

2. Halte Dich an das ungeschriebene Gesetz, nicht mehr als 1% Deines Portfoliowertes in ein einziges Projekt bzw. einen einzigen Kredit zu investieren. Diversifiziere Deine Kreditvergabe also, indem Du z. B. ein Prozent Deines Gesamtinvestments auf der Plattform pro Kredit investierst (mind. 5€). Dadurch gewährleistest Du eine möglichst breite Diversifikation. Noch kleinere Stückelungen senken zwar meist das Risiko, allerdings erhöht sich dann auch Dein Verwaltungsaufwand exponentiell. Außerdem wollen wir ja passives und nicht aktives Einkommen erzeugen. Dafür ist ein Diversifikationsgrad von einem Prozent absolut ausreichend! Du musst also nicht die maximale Diversifikation anstreben, indem Du den Mindestinvest ausreizt! Sammele allerdings auch hier Deine eigenen Erfahrungswerte.

3. Passe Deine gewählten Parameter regelmäßig an.

4. Steuern: Hole Dir vom Finanzamt die Bestätigung, dass Du Deine Steuern in Deutschland bezahlst, sonst musst Du sie möglicherweise im Ausland (z. B. Lettland) abführen, bekommst sie aber nicht mehr zurück – das berühmte Dilemma der Doppelbesteuerung! Das Formular heißt Ansässigkeitsbescheinigung. Du kannst es beim Bundeszentralamt für Steuern herunterladen. Fülle es aus, sende es bei Deinem Finanzamt ein und warte auf die Bestätigung.

5. Stelle eine größere Portfoliogröße ein, als Dein aktuell inves-

tierter Betrag, damit Du durch den Autoinvest auch auf den angestrebten Betrag kommst. Sonst hört dieser Mechanismus zu früh auf und reinvestiert womöglich nicht mehr!

6. Ich persönlich habe nur in die Plattformen investiert, die die Autoinvest-Funktion anbieten. Ich hab keine Lust darauf, aktiv zu investieren, sondern will ja passives Einkommen erzielen!

7. Mache Dir keinen Kopf, wenn Kredite ausfallen. Solange die Rendite im Durchschnitt stimmt, ist das völlig egal und ja auch normal! Auch hierzulande fallen Kreditnehmer aus und Restsummen müssen abgeschrieben werden. Denke daran, dass wir in erster Linie an den Zinsen interessiert sind. Wenn unser Investment also gering ist (kleiner Mindestinvest), dann können wir durch die Zinsen unser Investment bereits innerhalb eines Jahres zurückerhalten haben. Alles, was dann kommt, ist praktisch Bonus (+ Tilgung am Ende). Du lernst somit auch ein bisschen, wie das traditionelle Kreditgeschäft bei Banken funktioniert.

8. Wenn Du über einen Online-Auftritt oder Social-Media Kanäle verfügst, kannst Du Deine Rendite durch Affiliate-Links der jeweiligen Plattformen zusätzlich erhöhen. Wir nutzen diesen Weg ebenfalls. Solltest Du Dich über einen der Links einer P2P-Plattform aus unserem Vergleichsreport eintragen, erhalten wir hierfür eine kleine Provision und Du, bei den ein oder anderen, einen zusätzlichen Bonus. Für Dich hat dies keinerlei Nachteile: *https://www.finanzpreneur.com/Passives-Einkommen/p2p%20und%20crowdinvesting_7_geniale_Anbieter_PDF.pdf*

Die P2P-Kreditvergabe ist eine nette Möglichkeit, Dein Portfolio zu streuen, zusätzliche Rendite zu generieren, passives Einkommen bzw. Vermögen aufzubauen und dabei den Banken eins auszuwischen und das bei minimalem Aufwand!

Millionär werden – der Unternehmer in Dir

»Milliardäre sind Leute, die auch einmal als ganz gewöhnliche Millionäre angefangen haben.«

JERRY LEWIS

Würdest Du Deinem Kommilitonen, Arbeitskollegen oder Freund sagen, dass es Dein Ziel ist, in einigen Jahren Millionär zu sein, würden sie Dich wahrscheinlich für verrückt und größenwahnsinnig erklären. Wer in unserer Gesellschaft heute derartige Aussagen trifft, wird als gierig und vom Geld getrieben dargestellt. Aus unserer Sicht hat dies zwei Gründe. Zum einen sprechen hier alte Denkgewohnheiten und vom Umfeld und Eltern übernommene Glaubensmuster und zum anderen der Neid aus den Menschen. Der Neid, dieses Ziel eigentlich selbst gerne erreichen zu wollen, es aber - aus Angst vor dem Scheitern (bzw. der Verurteilung des Umfeldes darüber) – niemals zugeben zu können.

Wir sind offen und ehrlich. Unser Ziel ist es, Millionäre zu werden. Wir möchten die finanzielle Freiheit besitzen, alles tun und erleben zu können, worauf wir Lust haben. Wir möchten nichts auslassen, was das Leben zu bieten hat. Dafür ist es viel zu kurz. Zudem möchten wir unser Einkommen von Monat zu Monat steigern, weil wir der Überzeugung sind, dass wir damit Gutes schaffen können: Wir können ökologisch-nachhaltige und ethisch-soziale Projekte damit unterstützen und jenen Menschen helfen, die wirklich in Not sind – nur, weil sie in andere Verhältnisse hineingeboren wurden.

Die entscheidende Frage für uns ist vielmehr, auf welche Art und Weise man dieses Ziel erreicht. Man kann es unehrlich und unsozial erreichen, oder aber, ein Unternehmen gründen, Arbeitsplätze schaffen und Bedürfnisse des Marktes zur vollen Zufriedenheit erfüllen. Gelingt letzteres, folgt das Geld von ganz allein. Dann werden wir selbst zu einem Geldmagneten, der immer mehr Geld anzieht.

Wenn Du ein ähnliches Ziel hast, führt kein Weg an der Selbstständigkeit respektive der Gründung eines Unternehmens vorbei. Das Tolle ist, dass wir heute, in Zeiten von Internet und Digitalisierung, viele Prozesse auslagern und automatisieren, günstig werben und Menschen quer über den Globus beschäftigen und erreichen können.

Ein eigenes Unternehmen zu gründen ist heute einfacher denn je, solange man einige wichtige Grundlagen berücksichtigt. Diese möchten wir Dir in diesem Kapitel, in aller gebotenen Kürze, vorstellen.

Während die meisten „Möchtegern-Gurus und Coaches" empfehlen, eine Leidenschaft zu leben, halten wir diesen Ratschlag für töricht. Schließlich kann man nur von etwas leben, wofür auch Nachfrage besteht. Sonst wirst Du auch als Genie am Hungertuch nagen. Daher gilt es in erster Linie, diese Nachfrage zu bedienen. Nachfrage entsteht immer durch Bedürfnisse der Menschen nach etwas. Gelingt es Dir, diese Bedürfnisse zu stillen, wird die Bezahlung ganz automatisch folgen. Die Maslow'sche fünfstufige Bedürfnispyramide bietet eine gute Ausgangssituation, Geschäftsideen zu evaluieren.

#1: Körperliche Bedürfnisse (Essen, Trinken, Schlafen, Sexualität)
#2: Sicherheitsbedürfnisse (materielle und berufliche Sicherheit)
#3: Soziale Bedürfnisse (Gruppenzugehörigkeit, Kommunikation, Partnerschaft, Freundschaft, Liebe)
#4: Individualbedürfnisse (Anerkennung, Geltung, Selbstakzeptanz, Selbstbewusstsein, Erfolg)
#5: Selbstverwirklichung (Individualität, Spiritualität, Dankbarkeit, Selbstlosigkeit, Helfen)

Anhand dieser Bedürfnisse habe wir für Dich 9 Märkte herausgefiltert, die auch langfristig lukrativ bleiben werden und innerhalb derer mit einer sehr hohen Wahrscheinlichkeit Nachfrage nach Deinem Produkt oder Deiner Dienstleistung besteht:

1. Gesundheit und Fitness
2. Ernährung (Diät)
3. Geld verdienen und Geld sparen
4. Beziehungen und Dating
5. Motivation und Erfolg
6. Business und Entrepreneurship
7. Marketing und Werbung
8. Spiritualität, Positive Psychologie und Selbstverwirklichung
9. Produktivität, Leistung, Zeitmanagement und Stressmanagement

Der entscheidende Clou, Bedürfnisse zu befriedigen, liegt nach MJ DeMarco darin, einen oder mehrere der folgenden Punkte zu erfüllen.

- Bilde Menschen weiter und lehre sie etwas
- Erleichtere etwas
- Gib bzw. biete Sicherheit (Haus, Gesundheit, etc.)
- Sorge dafür, dass sich Menschen besser fühlen (Entertainment, etc.)
- Unterstütze Träume und gib' Hoffnung
- Hilf dabei ein Problem zu lösen
- Hilf dabei besser auszusehen
- Befriedige Appetit (von Essen bis Sexualität)
- Kreiere positive Emotionen (Liebe, Glück, Selbstbewusstsein, etc.)

Nun hast Du vielleicht Ideen, sagst aber, Du hättest nicht die Fähigkeit oder das Talent, sie umzusetzen. Hierfür haben wir leider keine zuckersüße Antwort für Dich bereit, sondern nur die bittere Wahrheit.

Lerne, bilde Dich weiter und eigne Dir monetarisierbare Fähigkeiten an! Das geschieht nicht in der Schule oder der Uni, sondern durch die Kombination aus implizitem und explizitem Wissen. Praktisches Handanlegen ist gefragt!

Anhand der obenstehenden Parameter kannst Du Deine Produkt- bzw. Dienstleistungsidee überprüfen und evaluieren. Danach geht es an die Umsetzung. Eine Anleitung, dies im Onlinebereich zu tun, hast Du bereits erhalten. Außerdem gibt es hierfür bereits jede Menge kostenlose Tutorials. Wichtig ist, dass Du auf eine Entkopplung Deiner Zeit von der Arbeit achtest und einen Vertriebskanal besitzt, der es ermöglicht, Deine Produkte bzw. Dienstleistungen ohne großen zusätzlichen Aufwand praktisch unendlich skalieren zu können.

Orientiere Dich am besten an folgendem Motto:

Wenn Du Millionen Menschen hilfst, machst Du Millionen.
Wenn Du wenigen Menschen exorbitant hilfst, machst Du Millionen.
Wenn Du vielen Menschen exorbitant hilfst, machst Du Milliarden..!

Es gilt also entweder Millionen Menschen mit unseren Produkten oder Dienstleistungen zu erreichen und zu helfen (geringe Preise), oder aber, wenigen Menschen extrem zu helfen (hohe Preise). Wir bieten zum Beispiel einen Marketing-Videokurs für Autoren für mehrere hundert Euro an. Das mag auf den ersten Blick nach viel Geld aussehen, allerdings bieten wir damit einen Mehrwert, der den Verkaufspreis um ein Vielfaches übersteigt. Es hat sich noch kein einziger Kunde über diesen Kurs beschwert - ganz im egal: Das Feedback war bisher ausschließlich positiv! Bei einem Preis von €499,- genügen 2.000 Kunden, um eine Million Euro Umsatz zu machen. Dieses Ziel werden wir gemeinsam mit anderen Komplementärprodukten, aller Voraussicht nach, 2019 erreichen. Damit wird klar, weshalb es nachfolgende, zentrale Reichtumsgleichung, zu optimieren gilt:

Umsatz = Anzahl der Verkäufe (Reichweite) x Preis (Marge)

Diese einfache Formel ist der essentielle Baustein eines guten und erfolgreichen Unternehmens. Solange Du die beiden Faktoren Reichweite und Marge maximierst, hast Du einen starken Geldbaum, der immer schneller immer mehr Einkommen erzeugt.

Last but not least möchten wir Dir einige Schlüsselaspekte auf dem Weg zum Reichtum vorstellen. Einige stammen aus dem Buch „The Millionaire Booklet" des Verkaufsgurus Grant Cardone. Sie sollen eine inspirierende Initialzündung sein und Dich motivieren, jetzt erste Schritte zu unternehmen.

1. Jeder kann superreich werden. Die meisten Menschen werden es aber nie, weil dieses Wissen nicht von Eltern, Schulen oder Universitäten gelehrt wird.

2. Viele Menschen haben im Alter von 10 Jahren mehr Geld, als im Alter von 35 (da sie sich verschulden).

3. Die Idee, „genug zum Leben" zu haben, ist lächerlich und sollte nicht der Anspruch an Dich selbst sein. Es ist noch so viel mehr für Dich drin! (Damit meinen wir aber nicht, dass Dein Glück vom Konsum abhängen sollte!)

4. Sobald Du die obige Rechnung wirklich verinnerlicht hast, ist es extrem einfach, reich zu werden. Du musst lediglich die Parameter optimieren.

5. Wohlstand entsteht nicht durch sparen oder investieren, sondern durch einen konstanten Anstieg des Einkommens (Unternehmertum).

6. „Follow one path until you are successful" (FOCUS). Wenn Du einen lukrativen Weg (Nische) gefunden hast, bleibe bei ihr und perfektioniere sie und besetze sie als Experte.

7. Sobald Du bezahlt wirst, übertrage direkt einen Großteil Deines Einkommens auf ein separates Sparkonto, das Du gar nicht erst anfasst. Da Du nun weniger Geld zum Ausgeben zur Verfügung hast, zwingst Du Dich dazu, mehr Einkommen zu erzeugen. Investiere

einen Großteil Deines Sparguthabens in verschiedene Assetklassen wie ETFs, Aktien, P2P-Plattformen, Crowdinvesting-Plattformen oder Kryptowährungen.

8. Kreiere mehrere, miteinander verbundene (passive) Einkommensströme und vernachlässige nicht die existierenden. Wiederhole dabei das System von Einkommen sparen, investieren und erhöhen.

9. Bildung ist Dein größter Vermögenswert. Bilde Dich stets weiter, kombiniere explizites mit implizitem Wissen und Du wirst Dir Fähigkeiten aneignen, die für andere Menschen von Wert und damit monetarisierbar sind.

10. Bilde neue Beziehungen immer mit Menschen, die besser, größer und mächtiger sind als Du. Niemals mit jenen, die genauso groß oder kleiner sind. Du bist der Durchschnitt der 5 Menschen, mit denen Du am meisten Zeit verbringst.

11. Der Schlüssel, Dein Leben zu verändern, liegt in verändertem Handeln. Deine vergangenen Taten definieren, wer Du heute bist und legen heute fest, wer Du morgen sein wirst. Wenn Du also wahrlich den Willen zur Veränderung in Dir trägst, beginne jetzt damit. Veränderung verlangt von Dir die tägliche Wiederholung dieser veränderten Aktionen. Neue Routinen definieren Dein neues, zukünftiges Selbst.

Hast Du Interesse an unserem gratis Kurs zu passivem Einkommen?
Du bevorzugst spezielle Kurse zu den Themen Aktien und ETFs?
Hier entlang: *https://www.finanzpreneur.com/unsere-finanzkurse/*

In 4 Schritten vom Tellerwäscher zum Millionär

»Der Arme muß lernen, sich selber zu helfen.
Es kann ihm sonst niemand helfen, und es hilft ihm sonst niemand.«
JOHANN HEINRICH PESTALOZZI

Wir haben es uns zum Ende unserer Bücher zur Gewohnheit gemacht, eine zusammenfassende Schritt-für-Schritt Schnellstartanleitung zu erstellen. Sie ist unserer Erfahrung nach, und den hunderten Rückmeldungen begeisterter Leser zufolge, eine der besten Wege, Dich zum Handeln zu inspirieren und zu motivieren. Nutze sie als Orientierung und Basis für Deinen persönlichen Schnellstart. Sobald Du durch Deine neuen, wiederholten Handlungen Momentum aufgebaut hast, wird Deine Motivation nur noch größer werden.

1. Verstehe die Funktionsweise des Geld- und Wirtschaftssystems. Es ist ein Konstrukt, das Dich entweder ein Leben lang im Hamsterrad gefangen halten oder finanziell frei machen kann. Freiheit, die Du für die Realisierung Deiner Träume und die Unterstützung anderer Menschen nutzen kannst. Das sind die wichtigsten Punkte:

- Geld allein macht nicht glücklich.
- Suche Dir Ziele, jenseits des Geldes. Das Warum sollte zu Deinem größten Motivator werden.
- Achte darauf, dass Deine Ausgaben mit steigendem Einkommen nicht zunehmen.
- Die meisten Menschen sind sich nicht bewusst, dass sie jeden Tag. kostbare Lebenszeit gegen Geld tauschen.
- Inflation kann Dich arm oder reich machen.

2. Geld sparen bringt die besten Renditen. Schließlich können wir Geld, das wir gar nicht erst ausgeben, für die Realisierung unserer wahren Träume nutzen und/oder investieren. Das sind die wichtigsten Punkte:

   - Verschaffe Dir zuerst einen Überblick über Deine Ausgaben und Einnahmen (z. B. mit einem Haushaltsbuch). Plane Deine Ausga ben anschließend sorgfältig und tätige sie überlegt.
   - Gehe Budgetfallen aus dem Weg und reduziere laufende Verbind lichkeiten auf das Minimum. Nur wer einige Jahre lebt, wie es kaum jemand will (minimalistisch), wird den Rest des Lebens leben können, wie es kaum jemand kann (finanziell frei).
   - Finanzieller Minimalismus kann geistig und emotional befreien. I Wir selbst leben nach dem Motto „wer wenig braucht, hat alles."

3. Stetig steigendes Einkommen ist der einzige Weg zu Reichtum. Dieses über einen Job als Angestellter zu erreichen ist nahezu unmöglich, da die Steigerungsraten zu gering sind und die Höhe in der Regel begrenzt ist. Das sind die wichtigsten Punkte:

   - Über je mehr Fähigkeiten Du verfügst, die Bedürfnisse erfüllen und Probleme lösen, umso größer ist Dein Wert im Kapitalismus.
   - Fähigkeiten und Wissen kannst Du Dir implizit und explizit aneignen. Doch erst die Kombination macht Dich finanziell frei. Dabei vertreten wir den Standpunkt, dass jeder fast alles lernen und meistern kann. Deine Zeit zu Gunsten Deiner Fähigkeiten ein

zusetzen, bringt den höchsten „Return on Investment" (Investmentrendite), wird aber leider nirgends gelehrt.
- Ein skalierbares, automatisierbares Internet-Business ist ein einfacher und kostengünstiger erster Schritt, mit Deinen Fähigketen viele Menschen zu erreichen und ihnen zu helfen. Die Vergütung folgt dann meist von ganz allein.

4. Geld zu vermehren ist heute einfacher denn je. Aber auch dieses Wissen wird weder von Eltern, noch an Schulen oder Universitäten gelehrt. Daher musst Du Dir dieses Wissen selbst aneignen.

    - Nutze passives Einkommen, um Deine Arbeitszeit zu skalieren und die Auslieferung Deiner Produkte und Dienstleistungen zu automatisieren. Das stärkste und einfachste Werkzeug, passives Einkommen zu erzeugen, ist Geld selbst.
    - Es gibt heute, und auch in Niedrigzinszeiten, viele Möglichkeiten, Geld passiv anzulegen und für sich arbeiten zu lassen. Dazu zählen ETFs, Dividendenaktien, P2P-Plattformen, Crowdinvesting und eingeschränkt Kryptowährungen.
    - Streue Deine Investitionen über mehrere Assetklassen. Je breiter Du diversifiziert bist, umso geringer das Risiko und umso passiver kannst Du Deinem Vermögen beim Wachsen zusehen.
    - Passives Einkommen heißt nicht, nicht arbeiten zu müssen!
    - Nutze den Zinseszins-Effekt, um nebenher ein Vermögen aufzu bauen und Liquidität zu gewährleisten.
    - Ohne den Schritt in die Selbstständigkeit bzw. das Unternehmertum, hast Du keine Chance, noch in jungen Jahren Millionär zu werden und finanziell frei zu leben.

Solange Du Dich an diesen vier Schritten orientierst, bist Du auf dem besten Wege, Dir einen enormen Geldbaum groß zu ziehen. Ein System, mit dem Du Dein eigenes Potential lebst, Menschen hilfst und Deine Träume verwirklichen kannst. Wir wissen aus erster Hand, dass dieser Pfad gerade zu Beginn besonders steinig und schwer erscheint. Doch genau deshalb musst Du jetzt damit anfangen. Der erste Schritt ist der schwierigste. Zu Beginn muss, ähnlich einer Dampflock, immer am meisten Energie aufgewendet werden, den Zug in Bewegung zu setzen. Sobald Du aber Momentum aufgebaut hast, wird der von Dir geforderte Energieaufwand den Zug auf Geschwindigkeit zu halten, oder gar zu beschleunigen, immer geringer. Wofür Du dann nur noch sorgen musst, ist, stetig, Tag für Tag, Kohle nachzuschieben – also etwas Zeit zu investieren –, damit die Pflanze, Dein Geldbaum, weiterwächst.

Fazit: Der Lifestyle finanzieller Freiheit

»Man soll nicht aufhören, bevor es am schönsten ist.«

Walter Ludin

Geld war für uns schon immer nur ein Mittel zum Zweck. Minimalistisch zu leben, nachhaltig zu wirtschaften und hart an unsere Zielen zu arbeiten fällt uns daher nicht schwer. Wir tun es, damit wir schon bald so leben können, wie wir es uns schon immer erträumt haben. Genau dazu möchten wir Dich auch animieren. Nimm Deine (finanzielle) Zukunft selbst in die Hand, denn niemand sonst wird es für Dich tun!

Für welchen Zweck ist Geld nun das Mittel für uns?
Geld ist im herrschenden Geld- und Wirtschaftssystem das Mittel, in zeitlicher Freiheit und Unabhängigkeit leben zu können. Solange wir unsere wertvolle Lebenszeit, gegen Geld - ein künstliches Konstrukt ohne wahren intrinsischen Wert – tauschen, sind wir im Hamsterrad gefangen und bleiben in unserer Freiheit eingeschränkt. Lebenszeit ist das kostbarste Gut, das wir besitzen. Viel zu leicht wird die eigene Gesundheit heutzutage aufs Spiel gesetzt - nicht zuletzt, weil alle immer schneller im großen Hamsterrad mitlaufen müssen. Leidet jedoch unsere Gesundheit, dann leidet auch unsere Lebenszeit und unsere Freiheit! Die eigene Lebenszeit qualitativ und quantitativ zu maximieren sollte das oberste Ziel sein. Um dieses Ziel zu erreichen führt aus unserer Sicht gar kein Weg an einem eigenen Geldbaum vorbei. Beginne noch heute!

Wir wünschen Dir allen erdenklichen Erfolg dabei, Deinen eigenen Geldbaum zu pflanzen und groß zu ziehen. Bei Fragen kannst Du Dich jederzeit gerne an uns unter *info@klhe.de* wenden. Damit Du Dich zu Strategien, Tipps und Tricks austauschen kannst, haben wir diese geschlossene Facebook-Gruppe für unsere Leser ins Leben gerufen:

Mein Geldbaum – Community für mehr Zeit, mehr Geld, mehr Leben

Als Leser dieses Buches kannst Du ihr jetzt beitreten.

Mit den besten Wünschen für Deine Zukunft
Chris und Jens

Konntest Du etwas lernen?

Wenn Du irgendetwas aus diesem Buch mitnehmen konntest, würden wir Dich bitten, uns ebenfalls einen Gefallen zu tun: Entweder, indem Du das Buch weiterempfiehlst, ein paar Exemplare verschenkst oder eine kurze Bewertung auf Amazon hinterlässt.

Eine Bewertung auf Amazon zu hinterlassen dauert nur ein paar Sekunden und kann auf der Produktseite des Buchs, mit Klick auf die Sterne, eingestellt werden:

Kundenrezension verfassen

https://amzn.to/2Sy93Yi

Wir lesen wirklich jede Bewertung und jedes Feedback. Das hilft uns enorm dabei, unsere Bücher stetig zu verbessern. Daher wären wir Dir sehr dankbar, wenn Du dieses Buch offen und ehrlich bewertest.

Darüber hinaus kannst Du uns jeder Zeit unter info@klhe.de *erreichen.*
Vielen herzlichen Dank für Deine Unterstützung!

Weitere Titel von KLHE finance

168 Seiten
ISBN 978-3-947061-37-2
Auch als Hörbuch und Hardcover erhältlich

Ein verständlicher, solider Einstieg in die Welt der Aktien. Lerne anhand konkreter Strategien, ein Vermögen aufzubauen. Inklusive Dividendenchampions!

180 Seiten
ISBN 978-3-947061-30-3
Auch als eBook und Hardcover erhältlich

Investieren ohne Raubbau an der Natur oder Waffengeschäfte? Ganz ohne Verzicht auf Rendite? Ökoethinvesting!

152 Seiten
ISBN 978-3-947061-15-0
Auch als eBook und Hardcover erhältlich

Endlich leben ohne Bankberater?
Jetzt (auch als Anfänger) intelligent und erfolgreich in ETFs investieren und im Faulbär-Modus vermögend werden.

152 Seiten
ISBN 978-3-947061-36-5
Auch als Hörbuch und Hardcover erhältlich

Verstehe die Blockchain-Technologie und lerne, strategisch in Krypto-währungen zu investieren. Werde fit für die Kryptowelt von morgen!

Bücher unter: *www.KLHE.de*, im Buchhandel, Audible und Amazon

148 Seiten
ISBN 978-3-947061-46-4
Auch als Hörbuch und Hardcover erhältlich

Unser Geldsystem provoziert Finanzkrisen und macht uns alle sukzessive ärmer, kränker und unzufriedener. Verstehe das Hamsterrad unserer Zeit.

132 Seiten
ISBN 978-3-947061-42-6
Auch als Hörbuch und Hardcover erhältlich

Familie Zufall beschließt, endlich aus dem Hamsterrad auszubrechen. Mithilfe der Strateie von Karl Kulation gelingt ihnen die Flucht aus der Tretmühle.

120 Seiten
ISBN 978-3-947061-43-3
Auch als eBook und Hörbuch erhältlich

Der letzte Sparratgeber, den Du jemals lesen wirst. Funktioniert sogar, selbst wenn Du wenig verdienst!

216 Seiten
ISBN 978-3-947061-33-4
Auch als eBook und Hörbuch erhältlich

Eine einzigartige Schritt-für-Schritt Anleitung zu finanzieller Freiheit und sicherem Vermögensaufbau durch passives Einkommen.

KLHE *finance*

Made in United States
Troutdale, OR
11/03/2026

56847405R00100